大数据背景下的辅导员职业化成长研究

杨 珊 王叶苹 关 欣 著

中国商业出版社

图书在版编目（CIP）数据

大数据背景下的辅导员职业化成长研究 / 杨珊，王叶苹，关欣著．-- 北京 ：中国商业出版社，2024．11．
ISBN 978-7-5208-3203-8

Ⅰ．G645.1

中国国家版本馆CIP数据核字第2024F01X50号

责任编辑：吴　倩

中国商业出版社出版发行
（www.zgsycb.com　100053　北京广安门内报国寺 1号）
总编室：010-63180647　编辑室：010-83128926
发行部：010-83120835/8286
新华书店经销
北京七彩京通数码快印有限公司印刷
*
710 毫米 ×1000 毫米　16 开　9 印张　202 千字
2024 年 11月第 1 版　2024 年 11 月第 1 次印刷
定价：50.00 元

前　言

习近平总书记指出，建成教育强国是近代以来中华民族梦寐以求的美好愿望，是实现以中国式现代化全面推进强国建设、民族复兴伟业的先导任务、坚实基础、战略支撑。党的十八大以来，党和国家坚持把教育作为国之大计、党之大计，作出深入实施科教兴国战略、加快教育现代化的重大决策，确立到2035年建成具有强大的思政引领力、人才竞争力、科技支撑力、民生保障力、社会协同力、国际影响力的中国特色社会主义教育强国的奋斗目标。

习近平总书记还指出，要实施教育家精神铸魂强师行动，加强师德师风建设，提高教师培养培训质量，培养造就新时代高水平教师队伍。提高教师政治地位、社会地位、职业地位，加强教师待遇保障，维护教师职业尊严和合法权益，让教师孕育崇高社会声望，成为最受社会尊重的职业之一。

在此新形势下，教育部门特别是高校应该紧紧围绕立德树人这个根本任务，着眼于培养德、智、体、美、劳全面发展的社会主义建设者和接班人。高校辅导员作为高校教师中的特殊群体，负责组织、实施、指导大学生日常教育和管理工作，自始至终从事的就是青年学生工作，是大学生的思想指导者、成长引路人，肩负着为国育才的崇高使命。因此，应十分重视他们的职业化成长。

在大数据背景下，学生对网络的依赖更加凸显。网络的应用十分广泛，为学生学习、生活提供了方便，也为辅导员工作提供了科学有效的管理方法，但同时也带来了全新的考验。辅导员是高校教师队伍和管理队伍的主力军，具有教师和干部的双重身份；是院校开展工作的重要组成部分，是学生管理工作的组织者、实施者、指导者；在日常学习、工作中，如何发挥大数据时代的优势，直接关系学生政治素养、身体素质、心理素质、文化素质、行为养成等的培养结果。大数据时代的到来，改变了人们的生活模式，使工作效率、学习能力、生活水平有了质的飞跃。数据作为信息的表现形式和载体，通过多元化的手段将资源进行共享，提供适合社会发展的方案，提供不同的服务功能并应用到工作生活管理中，从而可以提高辅导员工作效率。

本书分六章来阐述大数据背景下的辅导员职业化成长。第一章为大数据背景下的辅导员职业化概述，从概念说明与理论框架入手，阐述当前辅导员职业化成长现状；第二章为大数据背景下辅导员的职业能力与核心素养，分析职业能力和核心素养在辅导员职业化成长中的作用；第三章为大数据背景下辅导员职业化成长的队伍建设，分别从专业化队伍建设与高质量队伍建设两个方面来介绍；第四章为大数据背景下辅导员职业化成长的管理工作，介绍了辅导员职业化成长的育人管理工作与应急管理工作；第五章为大数据背景下辅导员工作成效的评估，介绍了辅导员工作成效评估的基础概念，并给出提升建议；第六章为大数据背景下辅导员职业化成长路径，提出加强学科建设、严格准入机制及培养数据运用能力、提升大数据素养等对策建议。

目　录

第一章　大数据背景下的辅导员职业化概述

大数据技术的广泛应用已深刻地影响了人们的生活方式，改变了传统的工作方式。大数据时代对各行各业的从业者提出了更高要求，同样也给辅导员工作带来了全新的挑战和机遇。辅导员需要不断提升自身能力，推动职业化成长，不断提升大数据技术应用的能力，做到因事而化、因时而进、因势而新，探索辅导员工作的新理念、新方式，以变求新，创新管理方案，做好学生的人生导师与知心朋友，探索出适合学生发展的管理模式。

第一节　概念说明与理论框架

一、相关概念界定

（一）辅导员职业化

1. 辅导员职业化基本内涵

职业是随着社会分工的逐步发展而形成的人们赖以生存和生活的工作方式。通俗而言，就是人们在社会上所做的工作。职业化是社会性的（因社会需求而产生的）、稳定的（其角色的目标与内容的方式十分稳定）、专业的（需要特殊的经验或技能要求，并且需要专门的人员）、长期的（人们可以长期甚至终身承诺）。职业化这一概念在第二次世界大战之前由美国人提出，并与后工业社会中的专业分工相结合。社会分工的专业化导致职业的专业化。职业化是人们将一项工作视为长期甚至终身的职业，并努力成为优秀的专业人员，以达到其应具备的某些素质的过程。

通常而言，要实现职业化，必须满足一定的基本条件。

（1）养成职业自律。职场人员要树立基本的职业价值观和理念，自觉形成良好的职业素养；组织必须有一套能够有效限制员工行为的职业道德标准及行为规范。（2）实现职业独立。职业化不仅包括组织培养符合职业要求的人才的过程，还包括社会环境相应的政策、制度的创造和完善以及社会和产业文化塑造的过程。实施职业化的条件对于我国开展高校辅导员职业化建设具有借鉴意义。

高校辅导员职业化成长建设是高校辅导员队伍职业化发展的重要内容。辅导员职业化成长就是要培养与其工作有关的专业技能，具体而言主要包括四个方面：（1）从事辅导员工作的人员必须通过专门的学习和训练，符合岗位的基本条件。(2) 辅导员工作是一种长期的工作，辅导员的专业资格证书制度正在逐步实施，所从事的学生工作具有很强的主动性和良好的发展前景。(3) 加强辅导员的终身教育，并按高校发展和学生的需求，定期对其进行评估、淘汰。(4) 强化辅导员职业指导，拓展辅导员进一步发展空间。通过提供上升途径和促进辅导员履行职责，对他们进行特定职业方向的培训，完善他们的发展渠道。

2. 辅导员职业化的特征

通过对职业与专业的认识，可以得出高校辅导员职业化成长的重要意义。高校辅导员职业化成长应当包括以下几个方面：一是高校辅导员可以终身从事这一行业，在社会上谋生；二是高校辅导员的工作应成为具有一般专业技术和要求的专科职业，从业人员必须具备适当的职业精神和职业道德；三是高校辅导员岗位和队伍要有清晰的专业标准、相关的专业组织、专业认证等。

高校辅导员职业化成长具有以下几个特征：一是终身化。终身化是指辅导员不再是一个短期的、过渡性的职位，而是一个可以追求职业理想和人生价值的职业，是一个受人尊敬的职业。高校辅导员可以在这个职位上尽力而为，而不必担心换工作。二是专业化。专业化是指高校辅导员必须具备专业技能且符合专业标准，通过专业资质认证。辅导员的工作是一种社会职业岗位，它综合了许多专业知识和技能，自成一个系统，除了专业知识和技能以及职业态度、职业意识、职业道德和职业理想等职业素养外，还包括思想教育、教育学、心理学、管理学等领域的知识以及人际关系、社交礼仪、社会组织、心理咨询、职业指导等方面的职业技能。三是社会化。社会化与社会地位、社会声望、经济收入有关。要实现高校辅导员职业化的目标，必须建立在高校辅导员职业能够满足社会的职业化成长需求，获得相应的社会地位和社会声望的前提下，具有稳定富足的经济收入。同时，作为一种职业，其经济收入不仅是衡量社会水平和社会地位的标准之一，还要能吸引到大量高素质从业人员不断地加入。

（二）辅导员数据素养

1. 数据素养

国内外对数据素养的定义，在当前的相关研究中还未形成统一的定论。对数据素养的内涵与外延，各种文献中的阐述不一。

在国外的研究中，“数据素养”这一概念最早出现于2004年发表的一篇论文——《信息素养、统计素养和数据素养》中。之后克拉尔（Krall）认为，“一个具备数据素养的学习者，要能够发现一些有实际意义的问题，并找出恰当的相关数据来解决该问题；要能够鉴别数据资源的质量，并通过合理的途径收集和分析所需要的数据。”格雷·J（Gray J）定义数据素养：“包括统计素养以及理解数据集处理、生产、阐释。”卡尔扎达（Calzada Prad）强调，数据素养包括：“确定数据的生产和重复使用的情境，确定数据的价值、类别和格式；弄清楚什么时候需要数据，恰当地获取数据；正确地评估数据和数据来源；利用一定的计划、措施、系统架构以及恰当的评价方式，确定合适的研究方法来对数据进行操作和分析；可视化呈现数据分析结果；利用分析结果来进行学习、决策或者解决一定的问题。"① 柯莱塔（Koltay）认为，数据素养是"关于获取数据并能进行批判式的评价和利用的能力，强调对贯穿其中的批判式思维的应用"②。

在国内的研究中，陈娜萍认为数据素养是在实际情境中具有数据意识，能基于数据提出问题，结合大数据，使用恰当方法对数据进行收集整理、表征和分析，并掌握用数据进行说理和交流的能力。孟祥保认为数据素养即具有数据意识、数据基本知识与技能，能够利用数据资源发现问题、分析问题与解决问题。沈婷婷认为，数据素养就是具备运用批判性思维对数据进行听、说、读、写的能力，也就是对数据的理解、交流、获取、运用的能力。任一姝认为，数据素养就是运用定性或定量的数据理解、寻找、收集、解释、呈现和支持自己观点的能力。

信息素养和数据素养两个概念既有联系又有区别。从研究历史来看，"对信息素养的相关研究比数据素养早。从研究现状来看，关于信息素养的内涵、意义、标准、教育模式已经有了较为丰富成熟的研究成果"③，对数据素养的研究方兴未艾但进展快速。2015 年，美国大学与研究图书馆协会（American Association of School Libraries）修订了新版《高等教育信息素养能力标准》（*Information literacy Competency Standards for Higher Education*），将信息素养定义为"包括信息发现、信息反思，理解信息如何产生、如何评价，以及利用信息创新知识、合理参与社群的一种能力"④。随着大数据时代的到来和数据密集型科研范式的驱动，信息爆炸产生了海量数据，信息生态环境发生变化，信息素养的内涵和外延也随之发生了改变。在英国学院、国家和大学图书馆学会（The Society of College，National and University Libraries）对信息素养外延的修改中，认为"信息素养包括数据监护和数据管理"，而数据管理正是数据素养的核心⑤。综上，本书认为，数据素养是信息素养在大数据时代的产物，既是信息素养的重要组成部分，又是信息素养的延续和拓展。

2. 辅导员数据素养的内涵

辅导员数据素养是一个多层次的概念，从辅导员的社会属性来看，数据素养体现为辅导员自觉遵守相关法律法规、社会道德伦理、准则规范等的意识以及对数据的认知、组织、分析、表达等能力；从辅导员的工作特性来看，数据素养体现在将数据应用到高校教

① Shields M. Information literacy statistical literacy，data literacy［J］. IASSIST Quarterly，2004，28：6-11.

② Krall G. Data literacy：to the synthesizers go the spoils［EB/OL］.（2019-03-16）. https：//new technetwork. org/resources/data-literacy-synthesizers-go-spoils/.

③ Gray J，Bounegru L，Chambers L. The data journalism handbook［EB/OL］.（2019-03-16）. http：//data-journalism handbook. org/1. 0/en/understanding_ data_ 0. html.

④ Calzada Prado J，Marzal M A. Incorporating data literacy into information literacy programs：core competencies and contents［J］. Libri，2013，63（02）：123-134.

⑤ Koltay T. Big Data，Big Literacies? ［J/OL］.（2019-03-16）. http：//citaliste. rs/casopis/br24/koltay_tibor. pdf.

育实践中的能力，并能将学生基本情况、近期动态与数据管理操作相结合，影响和改善学风；从辅导员的职业发展来看，数据素养主要指辅导员对数据的批判思维，对数据的采集、管理、共享、创新等方面的能力以及依据数据作出决策的能力。综上，本书将辅导员数据素养的内涵定义为：以提升高校教育质量为目的，遵循数据伦理，在相关法律法规允许范围内，采集、整理、管理、运用、分享和保存数据的意识和能力①。

3. 辅导员数据素养的基本要素

（1）数据意识和伦理。数据意识和伦理作为数据素养最深层次的体现，在数据素养中处于支配整体的地位，贯穿数据素养的所有层面。辅导员数据意识具体指在从事高校教育工作的过程中，对所接触到数据的敏锐感受力、持久的注意力以及批判的洞察力。

首先，应该意识到大数据时代给高校教育带来的紧迫感，在掌握较高的政治理论知识、学生成长成才规律、教育工作规律的基础上，还需了解新的数据知识和技能，才能从容应对大数据时代带来的各种挑战。其次，应该保持对数据的批判思维意识，筛选剔除错误和低价值的数据。最后，在实际工作层面，应该具有对数据收集和处理的自觉意识，并把数据的分析结果运用于日常工作中。

伴随着大数据技术的极速发展，数据伦理失范问题已经成为社会关注和研究的热点。辅导员作为高校教育工作者，在实际工作中频繁接触与学生相关的数据，数据伦理是辅导员数据素养的核心要素。辅导员数据伦理包括数据安全，辅导员应该妥善保存学生数据，保证数据只在正当情况下被访问，不被任何不该访问者访问。数据隐私是数据伦理最重要的表现，辅导员应该妥善保管好所有涉及学生隐私的数据，只用于了解学生情况和“学生画像”，不在任何环境及范围发布和传递隐私数据。

（2）数据知识和能力。数据知识和能力作为辅导员数据素养的基础和落脚点，包括对数据基本知识的习得、对基本特点的认识以及对数据的采集、管理、应用能力。数据采集能力体现为围绕学生主体，完整地采集在日常管理、教育过程中所接触到的数据，尤其在常规的基本数据之外，还需要有意识地收集其他非传统关注的数据，如学生上网浏览、消费信贷、发表意见、分享感受、记录生活等相关数据。数据管理能力体现为采集数据后的一系列存储、分析、更新工作，在大量采集各种各样的数据之后，首先要将其科学地存储起来，确保数据的完整性和安全性。其次要对存储的数据进一步筛选、分析，挖掘其中蕴含的价值，区分数据的重要级和优先级。这也是对数据能力要求较高的部分，需要具备一定的计算机专业知识和数据挖掘技术，如对学生所有上网行为数据分析，通过多角度比对和筛选，得出能够反映学生心理动态方面的有效数据。针对思想状态变动活跃的大学生群体，分析和挖掘不是一次性的，随着数据的不断增加和变动，要重复更新、筛选、分析、处理的过程和结果。数据应用能力是最后产出的阶段，将经过处理的数据用于反映情况、可视化展示、支持决策和判断以及共享。具体应用到掌握学生近期思想动态、学生群体分

① 陈娜萍．数据素养研究评述［J］．高中数学教与学，2013（16）：13-15.

布状况、心理健康状态、危机事件和安全隐患征兆预警等辅导员工作的各个部分，并据此作出采取实际行动的决策，在不违反法律法规和数据伦理的前提下分享数据，为辅导员及高校工作提供参考数据库。

二、理论基础

（一）劳动分工理论

分工是人类社会的一种特殊现象，它是伴随社会生产的发展而产生的一种社会化的生产性劳动。社会分工的实质就是分工，也就是劳动的生产和经营。在不同的生产发展阶段，劳动分工的形式、结构和特征是不同的。随着人类历史的发展，社会出现了三次分工：第一次分工是农牧分离，第二次是手工业和农业分工，出现了冶金、建筑等专业工人，第三次是出现了脱离生产的商人贸易集团。马克思、恩格斯曾指出：“各民族的生产力发展程度，最显著地体现在各民族的劳动分工的发展程度。”生产力发展到一定阶段，就需要劳动者合理地进行分工，使之与生产功能相适应，从而形成新的职业。因此，职业不是自然形成的，而是分工的产物，它决定了社会中的职业分工，促进了职业的形成。随着生产力的发展，社会分工日益细化，各行业各岗位的职业化成长水平也在逐步提高。英国古典经济学家亚当·斯密（Adam Smith）曾指出：“劳动力的最大增长以及使用劳动力的熟练程度、技能和判断力似乎是分工的结果。”马克思还指出：“现代社会分工的显著特点是产生专业和专业化。”专业化是专业成熟的标志，我们的社会正处于现代化、工业化、信息化的进程，产业分工的多元化和内部分工的完善日益明显，职业化成长是大势所趋。我国高等教育随着改革不断深化和发展，在大数据背景下，为提高高等教育质量，增强高等教育实力，建设高水平世界一流高校，迫切需要建设一支符合职业化成长要求的优秀师资队伍。在此背景下，高校校长、管理人员和教师的职业化成长受到政府和社会各界的广泛关注，理论界和实践部门展开了广泛讨论。高校辅导员不仅是学生教育的承办人、组织者和实施者，也是学生健康发展的引导者，这支队伍的职业化成长建设也成为改革发展的战略任务。

（二）激励理论

由于人总是有特定的物质或精神需求，能够通过激励，调动起积极性，从而使人朝着特定的目标努力工作，因此，现代企业管理者把激励理论作为一种有效的管理方法和手段来加强和完善企业管理。鼓励能激发人们的潜能，很好地实现目标，激发创造力，不断提高工作效率。人的动机来自设定目标的需要，而激励作用于人的内在行为，刺激、驱动和增强人的行为。动机理论是对满足人们不同需要和调动人们积极性的原则和方法的概括。从1920年开始，在现代管理实践中，许多外国管理科学家、心理学家、社会学家提出了很多激励的理论。马斯洛的“需求层次理论”、赫茨伯格的“二因子”理论、亚当斯的“诚信理论”等都具有一定的代表性。马斯洛的“需要等级”理论是由马斯洛在心理学家的指导下提出的。他指出，人们的需求可划分为五个层面：身体需求，即维持生命所必需的身体需求；安全——使身体和精神不受到损害；归属与爱情——包括感情、归属、存在、接纳、友谊需要等；对需要的尊重，包括对内心的尊敬，如自尊、自主、成就感等以及与外部尊重相关的需求，如地位、身份和被重视；自我实现的需要——包括个人发展的需要、个人潜能的实现和个人理想的实现。五个层次随着某一层次的需要相对满足而逐步增加，向更高层次发展。其中生理的需要、安全的需要、情感的需要属于较低层次，这些需要能通过外部的条件来满足；而个人和社会价值的需要和自我实现的需要是更高层次的需要，这些只能通过内部因素来满足。

赫茨伯格的“二因子”理论：“二因子”理论一般与工作本身或其内容有关，包括成就、欣赏、要求工作、增加的工作责任以及成长机会；与工作环境和雇佣关系有关，包括公司政策、管理实践、监督、薪酬、福利等。该理论认为，人们不仅受到他们所获得的东西的激励，而且需要认同他们所获得的东西对他人所获得的东西是公平的。根据该理论的观点，将激励理论应用在高校辅导员建设中，可以调动高校辅导员的积极性，有助于提升高校辅导员的整体素质和充分发挥高校辅导员的作用。目前的高校辅导员普遍存在工作量大、工资收入低、目标群体广泛、专业声望低、职业前景下滑、团队工作环境不稳定等问题。在大数据背景下，高校要着力提升辅导员的物质待遇和心理满意度，建立科学的激励制度，激发辅导员工作队伍的积极性，更好地促进高校辅导员队伍建设。

（三）职业生涯管理理论

职业生涯管理理论通过结合实际工作需求分析评估员工的技能，通过培训、轮岗、提升工作经验等一系列活动提高员工的技术水平，达到发展目标。职业生涯管理包括两个方面：一是员工职业生涯发展的自我管理，旨在通过对个人兴趣、能力和个人发展目标的有效管理，实现个人发展愿望。即通过组织帮助员工规划职业发展，为员工提供教育、培训、轮岗等发展机会，促进员工实现职业发展目标。通过员工和组织双方的共同努力，使员工的职业目标与企业发展战略目标保持一致，实现个人与组织的双赢目标。二是借由职业规划与职业生涯管理，可以帮助辅导员找到正确的人生方向，把辅导员的职业目标和高校的发展目标结合在一起，让辅导员有更多的发展和选择，并通过教育、培训和进修，发掘其潜能，提高其整体素质，为建设一支稳定的高素质高校辅导员队伍提供高效指导。

第二节 大数据背景下辅导员职业化成长现状

一、大数据背景下辅导员职业化成长基本状况及不足分析

（一）辅导员数据应用能力

当代大学生思维活跃，喜欢追寻新鲜事物，拥有不断探索新知识、新领域的精神。在大数据背景下，网络使学生获得信息的途径更加方便与快捷，获得信息资源的渠道也更加广泛。学生的特点被大数据分析得比较透彻，一些不良网站根据个人性格、爱好等信息，抓住学生的兴趣爱好，推荐相匹配的软件，引起学生的兴趣，从而导致学生沉迷于软件中，不能平衡学业与课余时间，对学习缺乏主动性。辅导员应该加强引导教育，帮助学生养成正确的学习习惯，利用好数据资源，掌控学生的思想动态，提高工作效率。

学生可通过丰富的数据资源获得各类信息，但学生自身存在能力不足、分辨网络资源优劣能力有限、思想素养需要加强等问题，辅导员需不断加强管理与引导，督促学生养成良好的网络使用习惯，培养学生思想品德素养，加强“三观”教育，提高道德思想水平。辅导员通过大数据的系统分析，得出学生的日常学习与生活的真实状态，剖析出学生思想行为、习惯等指标，有针对性地给学生制订培养计划，引导学生养成良好的行为习惯。利用网络资源做好相关的宣传、管理、跟踪等工作，提高学生的个人思想道德素养，从而做好学风校风建设。

丰富的数据资源平台能够收集各类学生日常管理等方面的应对方法与案例，提供多元化的服务，而辅导员习惯性依赖网络提供的资源开展工作，缺少思考的过程，缺乏按照学生的成长规律与实际需求进行分类管理的能力，导致辅导员的管理模式单一，不能利用大数据资源对学生进行评估与研判。辅导员要根据学生的实际需求制定相应的管理办法，针对学生的特点开展丰富多彩的活动。在管理过程中，辅导员应不断关注学生的行为习惯，让学生树立良好的理念，利用网络渠道，开展短视频、知识竞赛等丰富多彩的班级与校园活动，对学生行为习惯、理想信念等进行正确引导，发挥大数据平台的资源优势。

对于出现的各类管理问题，辅导员习惯利用网络平台资源解决问题，而平台提供的解决方案偏向于理想化。在实际工作过程中，面临的突发事件就处理得不够全面。辅导员本身的工作是需要用情灌溉、用心付出、用爱诠释，需要具备专业的能力，需要心理学、法学等相关专业作为理论支撑，以良好的沟通能力和健康的心态做依托。只有不断地储备知识，提升自身能力，帮助大学生解决实际的困难，才称得上学生的良师益友。

（二）辅导员稳定性与质量

虽然本科和硕士研究生学历基本可以满足国家对辅导员的基本学历要求，但要实现高校教育事业高质量发展，拥有相对数量的高学历人才可以说是最佳途径。高学历人才短缺

是高校辅导员发展面临的重要问题，因此，辅导员队伍的学历结构和高校高质量发展的战略还存在较大差距，特别是博士研究生学历的辅导员数量需要尽快突破。

拥有一支稳定的辅导员队伍，是每一个高校学生管理服务和教育发展的前提，队伍的稳定性是学生各项管理工作的重要保障。如果辅导员队伍不稳定，将会给学生管理工作带来极大挑战，直接影响学生学习、生活、成长，最终影响学生的就业质量。从现状来看，高校的辅导员大致可分为三种类型：第一类是刚参加工作的年轻辅导员。这类辅导员大多在25~30岁，占总数的一半以上。部分年轻辅导员将辅导员职业作为过渡阶段，主要是为将来的考研做准备，在高校工作是为了学习经验，一旦时机成熟，他们就会离开。第二类辅导员受整体就业环境影响，在短时间内找不到合适的就业单位，只能暂时选择先到高校从事辅导员工作。这类辅导员在从事一个阶段的工作后，大部分会适应高校工作，对工作有责任感，但也难以表现出较高的工作激情和创新能力。第三类辅导员对高校的发展有很大的信心，对自己的工作表现出较高的激情，能够克服工作中的困境，能够安心地工作。如果高校辅导员队伍相对稳定，那么辅导员的工作能力和个人素质都会得到提高。而高校辅导员工作很大程度上存在着不连续性，主要原因是辅导员的流动性太大，导致其工作的延续性和沉淀较差。高校辅导员队伍的不稳定性和工作的不连续性对高校、学生和高校辅导员本身产生了一系列负面影响，除了高校每年都要花费相当的人力、物力和财力重新招聘引进新辅导员以外，学生也需要重新适应新的辅导员，对新任的辅导员本身来说，也存在理论水平不高、缺少工作经验、专业发展不足等问题。总之，辅导员队伍稳定性较差对于各方的发展而言均极为不利。

（三）辅导员专业结构分布

辅导员队伍中，拥有教育类和管理类专业背景的辅导员所占的比例还相对较低，其他专业背景的比例较大，远远超过辅导员岗位要求的相关专业所占比重，当前辅导员队伍应具备的相应理论基础和知识储备还比较欠缺，离完全满足高质量发展要求下对辅导员工作岗位的内在要求还有较大差距。专业化是职业化的前提和基础。专业化是指通过规范化、标准化对从业人员进行培训和教育，使他们获得专有的知识与技能，从而提升工作能力与解决问题的水平，更好地开展这项专业活动，努力使其专业化。但当前高校对辅导员的培训效果不能满足辅导员职业发展的需要，辅导员的工作内容和工作性质决定了其必须掌握教育学、心理学、职业生涯规划等学科专业知识才能做好本职工作。因此，职业化成长程度低的现状影响了辅导员的专业发展，主要体现在辅导员理论知识的匮乏，继续教育和岗位培训的效果未达预期，制约了辅导员的职业化发展。

没有规范化和针对性较强的职业培训，很难保证辅导员顺利实现职业化过渡。目前高校在不同层面上开展的有关训练并不能适应他们的专业发展，高校辅导员职业培训主要针对辅导员的日常工作。首先，在培训内容上，大部分辅导员参与的科目主要为教育学、心理学、管理学等，与辅导员面对的实际状况结合度不高，针对性不强，且培训的形式化明显。其次，参加培训的辅导员不够重视培训工作，他们有的仅将这些培训视为应付任务，导致培训的效果与预期差距较大。再次，缺乏较为系统的培训，导致培训效果不理想，培训的开展也只是偶尔进行岗前培训和在职培训。例如，虽然高校有心理辅导员的职位，然而前来咨询的学生人数很少，这其实并不代表学生普遍心理健康，主要是高校辅导员的心理咨询一般只是初级，学生的信任度不高，且心理咨询和职业指导方面的职业培训也相对较少。最后，目前的培训形式和培训方法也不能很好地满足辅导员工作日益增长的职业发展需要。高校在对辅导员培训中存在内容形式单一、培训周期较短的情况，对辅导员培训的投入力度和精准度明显不够。辅导员对高校开展的培训工作不满意，其原因主要在于对其工作不够重视，缺乏专业培训。综上，当前高校对辅导员工作针对性的培训重视程度有待进一步强化。

（四）辅导员队伍的专业承诺与专业知识和技能

教育部2017年第43号令《普通高等学校辅导员队伍建设规定》（以下简称教育部第43号令）中明确规定了辅导员的工作职能，并且明确界定了辅导员的双重身份。但在实际工作中，辅导员的双重身份往往处于尴尬境地，他们既不是专任教师，也不是管理干部。他们没有讲台，不教授学生专业知识，却在日常生活中与学生接触最多。在现实工作中，一部分人认为辅导员相当于是对学生全权负责的“保姆”，大大小小的事情都需要管，必须随叫随到，24小时待命。随着管理的精细化，辅导员工作量有增无减，工作任务更加烦琐，工作内容更加复杂，每天的排查、统计工作消耗了辅导员的大部分精力，导致辅导员的主要职能被忽视，角色定位不准确，对工作满意度下降，热爱程度减退，影响了辅导员的专业承诺水平，致使辅导员的专业承诺水平普遍不高。加上辅导员在承担着较大工作量的同时，他们所获得的薪酬福利和劳动报酬往往与之不成正比。现在，越来越多的高校毕业生在就业时选择高校事业编制，高校辅导员队伍趋向年轻化，辅导员人数逐年增加，而每年岗位晋升的人数是有限的，这也使得部分优秀辅导员在晋升时需要“排队”。职业的发展和晋升渠道不通畅，导致辅导员的专业承诺水平不高。此外，部分人视辅导员工作为进入高校的“敲门砖”和职位职级晋升的“大平台”，他们认为与学生打交道的辅导员是“基层干事”，并且对于辅导员这一职业并无长远的学习规划和提升自我的想法，只想等到转岗年限，选择从事行政或管理岗位。部分辅导员从事了几年的学生工作后，选择在职考取定向博士生，这种提升学历的做法确实会提高辅导员的专业知识和能力，但问题是，这些主动选择提升自身学历的辅导员在获得了博士学位后，留在原辅导员岗位上的人实则少之又少。这些扭曲的内在态度使得外在行为受到影响，个体逐渐消极怠工，导致辅导员专业承诺水平不高。

由于全国各大高校的录取范围不断拓宽，招生数量规模不断增长和扩大，学生数量也不断增多，高校对辅导员岗位的需求也随之增加，辅导员队伍规模也相应扩大，导致辅导员的专业水平产生参差不齐的现象。辅导员具有宽口径的知识储备、扎实的专业基础是立德树人的保障，拥有突出的专业能力是高效解决学生问题、做好学生教育工作的前提。辅导员的岗位知识包含三大方面：一是基础知识；二是专业知识；三是法律法规知识。也明确指出高校辅导员应具有丰富的学科理论知识和广博的专业知识储备。但高校对于辅导员的招聘要求多是“专业不限”或“专业相关”，导致辅导员学科背景多样化，缺乏相关的知识底蕴。学科背景多样化是辅导员个体专业知识掌握不扎实的一个重要原因。当前，部分高校辅导员多来自文史法哲、教育、管理、理工等学科，同时辅导员的岗前培训多数为校级培训，培训内容为熟悉岗位职责，培训内容相对单一，辅导员很难认识到岗位的重要性和工作特点。此外，多数人视考上辅导员为进入高校编制的捷径，在学习辅导员相应知识时只是简单地了解马克思主义理论知识的皮毛，导致进入岗位后很难潜心投入到更深层次的研究中，大大影响了自身专业素养的提升。

辅导员专业能力涉及范围广，要想成为该领域的专家、实现职业化成长，就要把握教育规律、熟练掌握并应用专业能力，通过有效的措施促进学生健康向上发展。目前辅导员多数还处于学习和摸索的阶段，在能力的运用和发挥上也有欠缺，辅导员应主动努力提升自身专业能力，为学生的生活、学习、成长提供保障。

（五）辅导员队伍职业化成长制度

高校辅导员队伍职业化成长制度是指一套能促进整体队伍知识和能力水平提高、满足队伍走专业发展之路的制度。国家和教育部发布的文件内容中，对于高校辅导员的选拔机制、培训培养制度、激励与考核制度、发展制度等各方面都有所涉及，但是缺乏具体的实施措施及细节，导致每所高校对于部分制度的内容操作起来各不相同。

首先，在高校辅导员选拔机制方面，各高校都会根据教育部文件设立相应的具体选拔标准和计划，这些标准和计划在一定程度上是有意义的。但作为各高校的通用标准，能否选聘到真正适合辅导员岗位的人才、真正具有宽口径的知识储备和较强能力的人才还有待考证。

其次，在辅导员培训培养制度方面，各高校认识到了培训的重要性，也非常重视新辅导员入职前培训及在职辅导员日常的培训。但在具体实施中，高校在培训内容的系统性、持续性方面还是有所欠缺。

因此，高校要根据实际工作内容对辅导员进行系统培养，开展持续性的理论知识培训，引导辅导员积极探索工作中的规律，将工作经验互相交流分享，并鼓励和支持辅导员将所学知识与技能应用到实际工作中。此外，因为新入职的辅导员多数为高校应届毕业生，经过短暂的备考后走上了辅导员岗位，这部分辅导员知识结构相对薄弱、缺乏工作经验，高校简单的入职培训很难满足这部分新手的需求。在步入工作岗位后，新辅导员极有可能无法适应高强度的工作，更容易产生职业倦怠，从而影响辅导员队伍的职业化成长建设和发展。因此，高校可以针对职业能力标准，对初级、中级、高级三个级别的辅导员制订不同的培训方案和培养计划，使辅导员学习更适合自己的培训内容。

最后，在激励与考核制度方面，考核作为激励方式的一种，具有重要的作用。当前辅导员的考核制度仍处于发展探索阶段，还有很大的提升空间。目前辅导员的考核制度缺乏具体的量化标准，部分工作无法做到完全量化，从而影响了对辅导员的工作评价，影响到辅导员自身的工作满意度和工作积极性；同时，考核的结果没有发挥相应的效力，对辅导员的激励性不强。

二、国内典型高校辅导员职业化发展的经验与启示

目前，国内有不少高校在辅导员职业化发展方面做了很多探索和实践。由于各学校的办学定位、历史基础、发展阶段都不同，高校辅导员职业化成长的发展，必然有其自身的特点。但在此基础上，各高校在促进高校辅导员职业化发展方面所取得的一些经验，值得国内其他高校借鉴。

（一）西安欧亚学院的辅导员职业化发展探索实践

西安欧亚学院创办于1995年，专业结构以管理和经济为主，艺术、文学、教育、工学等学科协调发展，基本定位为国际化、应用型本科院校。该校坐落于西安市雁塔区东仪路8号，是陕西省唯一一所列入国家教育体制改革试点项目的民办高校，也是全国唯一一所教育信息化试点民办院校。该校曾连续九年名列中国校友会“中国私立金融大学”的榜首，是内地最具规模、最具教育水准的私立金融财经类高校。在辅导员职业化发展模式的探索实践中，西安欧亚学院自2015年9月起，由辅导员负责处理与学生有关的日常事务。其中，生活辅导员深入社区，深入学生的日常生活，让他们与学生之间的交流更加紧密，更加关心他们的动态，更好地满足他们的需要。

（二）三亚学院的辅导员职业化发展探索实践

三亚学院始建于2005年，位于海南省三亚市，是世界500强企业吉利控股集团全额投资建设举办的本科高校。学校占地面积3000亩，拥有25个二级学院，其中包括经济管理、法学、文学、教育学、艺术学、工学、理学、医学等9个学科门类。2022年，三亚学院获批成为硕士学位授予单位。学校持续强化学科创新平台建设和“大师级”人才引进，现已设立了翟明国、陈国良和容淳铭3个“院士创新平台”。

在辅导员职业化发展模式的探索实践中，三亚学院率先开展班级辅导员制（以下称“班导制”）。班导制是在我国高等教育实行选课制和学分制改革的育人模式下对学生日常行为管理的创新尝试，它更加突出因材施教，针对学生个体的特长和成长需要进行个性化的培养，也是应对素质教育而进行的一种学生日常管理工作的改革与探索。三亚学院作为“高教黑马”，对班导制的实施和完善开展了系列探索和制度创新。主要体现如下：

一是学校打破目前各高校通行的“辅导员制”开展高校学生教育工作的做法，尝试一种新的学生管理模式，推行班导制代替传统高校的“辅导员制”，因为负责学生工作的老师大都是青年，他们有热情，有激情，有创新精神。由于高校在校生自身的知识和能力及

社会经验不足，对知识间的内在关联了解尚浅，比如在选择专业或课程时还比较盲目，甚至过分迎合热点或自身的兴趣，因此，在高校实行班导制，辅导员既可以通过对班级学生的具体指导来尽可能地降低学生选择专业或课程时的盲目，帮助学生构建科学合理的知识结构，也可以实现选课制、学分制对学生个性化培养的需求。班导制在学分制模式下，班级辅导员对学生的指导可以引导学生在一定程度上自主计划、安排自身的学习内容，也可以让学生根据社会需要和自身的实际状况来进行选择，更有利于学生个体化的培养，能有效地防止“批量生产”带来的趋同作用。

二是对学生的自主学习和自我成长来讲，学校的班级辅导员制具有非常重要的作用。我国高等学校的教育教学体制、教育教学方法、学生的学习方法和生活方式较中学相比发生了本质变化，很多大学生进入高校后出现了学习的盲目性，尤其是新生体现得更加明显，很多时候都会无所适从，很难独立设计或制订出与自身发展相适应的学习方案。而传统的高校辅导员因为各方面的条件限制，经常不能及时给予学生指导，班导制中的“导”，刚好填补了学生日常管理和教育工作中的空白。通过班级辅导员的工作引导，促进了学生学习方法的转变，开启和巩固专业思想，有效缩短学生的专业认知和磨合期，从而帮助学生制订好适合其自身成长和发展的个性化学习方案，使学生更加快速地适应新的高校生活，助力学生的个性化发展，全面帮助学生自我成长。

三是班导制有效促进了辅导员的自我修炼。首先，学校班导制的实施促进了学校教书与育人的有效结合，从制度上规定了辅导员与学生之间的互动，“导”与“被导”造就了辅导员与学生之间思想和心灵的交流与碰撞，而辅导员所带学生的不断成长也给其一定的压力和动力，促使辅导员也更加注重自身修炼，持续不断地提高理论水平和学生工作业务能力，以便更好地发挥辅导员的引导作用。其次，辅导员在对学生的指导与交流过程中，也能和学生之间形成融洽的师生关系，促进学生综合素质的提升，同时对辅导员自身也起到了相应的激励效果，有效增强辅导员自身的使命感、责任感和成就感，较好地促进了辅导员的自我约束和自我教育。

（三）兰州信息科技学院的辅导员职业化发展探索实践

兰州信息科技学院是由教育部批准设立的全日制普通高等学校，是甘肃省首批应用技术高校转型发展试点院校。学校前身是 2002 年创办的兰州理工大学技术工程学院，2021 年 3 月，作为甘肃省首批通过教育部评估考核达标的独立学院，学校正式转设更名为兰州信息科技学院。学校位于甘肃省兰州新区，校园占地面积 1026 亩，下设 8 个二级学院及工程训练中心，专业设置以工为主，经、管、文、理协调发展，学校现有 43 个本科专业，其中 2 个专业入选“双万计划”，为省级一流本科专业建设点，目前，学校全日制在校生 16700 余人，教职员工 800 余名。

在辅导员职业化发展模式的探索实践中，兰州信息科技学院坚持强化高等学校辅导员工作队伍职业化建设。一是将辅导员队伍建设作为学校师资队伍建设的重要内容，整体规划、统筹安排，不断提高队伍的专业水平和职业能力；二是引导辅导员正确认识中国发展的大势，正确认识中国的特点和国际形势，正确认识时代的使命，胸怀远大的理想，脚踏实地，做一个德才兼备、全面发展的中国特色社会主义合格的接班人；三是根据辅导员的工作年限、工作内容、能力要求等和取得的证书状况，将辅导员分为初级辅导员、中级辅导员和高级辅导员三个级别，为辅导员的职业发展指明了路径；四是每学期对辅导员进行一次全面考核，并将考核结果作为后备干部选拔和培养的重要依据，对于考核结果不能胜任辅导员工作岗位的，将给予及时的培训，培训后仍不能达到辅导员工作岗位要求的，学校将进行岗位调整。

以上几所学校都非常重视辅导员队伍建设，制定了与辅导员有关的工作制度，从而使辅导员工作朝规范化、职业化方向发展，建立辅导员工作的制度标准和工作流程，能有效促进高校辅导员工作的标准化和职业化，特别是兰州信息科技学院，很好地继承了兰州理工大学的优秀传统，在辅导员相关工作制度及流程建设上较为完善，使得该校辅导员队伍整体素质明显优于同区域的同类院校。

虽然各学校对于辅导员岗位叫法略有差异，然而核心工作岗位职责仍是围绕着服务学生在校学习和成长这一核心工作延伸。各地高校均以吸纳优秀人才充实辅导员队伍作为促进、推动和提高高校学生管理工作质量的重要途径。将素质较高、政治修养较好的学生干部作为选聘辅导员队伍的优先条件。各学校都非常注重对辅导员队伍的考核，将考核中发现的问题及时向辅导员反馈，并督促辅导员进行积极改进，有效地推动了辅导员的自我反省和提升，通过定性考评与定量考核的方式，结合过程考核与结果考核，促使辅导员不断改善其工作，也有效推动了辅导员的职业发展进程。

最后，虽然以上三所高校在辅导员队伍建设及辅导员职业化发展方面因省情、校情及学校的发展历史与定位的不同而不尽相同，然而各校的成功之处仍值得我们借鉴学习、加以利用。

第二章　大数据背景下辅导员的职业能力与核心素养

互联网与大数据的快速发展推动了信息化、网络化、数字化和智能化的发展，实现了数字管理、智慧生活，人类进入了互联网大数据时代，人们的生产方式、生活方式、思维方式发生了深刻变革。对高校而言，大数据为有效推进高校工作提供了新的创新平台。大数据时代为高校辅导员注入新的动力，也提出了新挑战，需要辅导员适应大数据时代，提高自身职业化成长的能力与核心素养，以思维的革新发展开拓育人工作的新局面。

第一节　大数据背景下辅导员职业能力

一、辅导员职业能力概述

高校辅导员在高校教育实践工作中扮演着极其重要的角色。高校辅导员职业能力主要是指辅导员通过教育引导大学生提高自身素质与能力、实现个人健康发展的专业能力。

（一）辅导员职业能力概念

职业能力是指一个人在从事工作时所具备的基本能力，拥有职业能力，就可以在自己的工作岗位上胜任工作，并在工作中发挥出最佳的作用。具体而言，职业能力是人们将长期在工作中学习、总结的技能统筹协调运用在工作岗位上，完成所要求的职业任务。在未来的工作中通过学习、培训、训练的形式来不断充实自己的职业能力。《辞海》中将职业定义为："个人在社会生活中所从事的作为主要生活来源的工作"①。研究和实践证明，职业能力和个人工作绩效成正比例，即职业能力越高，其在工作中的绩效越高，那么个人在工作岗位中晋升的机会就越多，工作中带来的成就感就越强烈。

由于各专业对职业能力的定义与要求各不相同，因此，学术界对职业能力的定义也各不相同。从教育领域解释，职业能力是人们对职业的认同感，即从思想上和行为上一致认同自己的职业并从职业中获得幸福感和归属感。只有在思想和行为上一致认可自己的职业才能够在职业中取得成就。一些学者从心理学的角度对职业能力进行了阐述，认为职业能力是一种综合的、稳定的、能够成功地从事某一职业的心理品质；也有学者从管理的角度对其进行了界定，即在某个岗位上，需要具备一定的意志力、态度、知识技能来胜任该岗

---

① 辞海［M］．上海：上海辞书出版社，1989.

位。随着心理学、管理学理论的发展，职业能力的内涵不断地在丰富，已经转变为多种能力的综合。

职业能力具有发展性、创新性和扩展性等特点。人在从事某种职业之后，随着实践的深化和经验的积累，个人的专业能力会不断地增长。人拥有无限的可能来突破自己，人的能力总是在持续发展，只有拥有持续发展的职业能力，才可以在自己的职业生涯中追求理想的职业境界，这就是职业能力的发展性。创新性是指人们从事本职工作过程中向先进的方向进步，对自己的职业创造不可替代的价值，取得真正的自由和解放。扩展性是指人们在职业能力提升时可以选择主动学习、积累知识与经验，实现能力的迁移，目的是在自己的职业生涯中发挥自己的价值，丰富职业技能。

辅导员职业能力提升有三个关键点：第一，辅导员职业能力提升必须目标明确，且实践过程具有层次性；第二，提升内容广泛性都会对培训内容产生一定的影响；第三，严格的培训和自主学习是重要途径。促进辅导员队伍建设向纵深发展的过程，也是提高个人的职业能力的过程。所以，以精细化标准创造高校辅导员职业能力体系，既是提高高校工作精细化水平的政策思考，也是造就一支业务精湛的高水平辅导员队伍的现实追问。一个人的能力在很大程度上取决于他的个人能力结构。高校辅导员职业能力结构是能力提升的上位概念，它遵循了能力结构与能力提升之间相互匹配的原则，对辅导员能力的提升也就是对能力的结构进行优化。

教育部第 43 号令中解释高校辅导员职责是思想理论教育和价值引领、党团和班级建设、学风建设、学生日常事务管理、心理健康教育与咨询工作、网络教育、危机事件处理、就业创业指导等。可以看出，高校辅导员不仅担任教育者的角色，在日常事务管理当中同样承担着重要角色。

（二）辅导员职业能力内涵

大数据背景下，辅导员职业能力具体来讲，主要包括下列方面。

1. 数字胜任力

大数据背景下最特别的辅导员职业能力可归纳为数字胜任力。2023 年 2 月，教育部发布了《教师数字素养》行业标准，对未来教师应具备的数字素养进行了规范性要求。随后，中共中央、国务院印发的《数字中国建设整体布局规划》也强调，要增强领导干部和公务员数字思维、数字认知、数字技能。辅导员有教师和干部的双重身份，我们必须科学认识高校辅导员数字胜任力内在蕴含。大数据背景下高校辅导员数字胜任力是“思维与理念域、知识与技术域、教育与管理域、安全与伦理域、赋能与发展域”五重能力的有机统一，呈现出辅导员善识、善用、善管、善防、善变的良好发展态势。

数字化思维能力是思维活动在数字社会实践层面的反映，具体表现为观察、分析和解决教育大数据问题的能力水平。具体而言，一是用户思维。辅导员必须牢固树立“以学生为中心”的教育理念，持续关注和及时满足大数据时代学生对教育的公平性要求和个性化需求。

严格遵循对象逻辑，绝不能脱离教师职业生涯发展规律与学生成长规律。二是辩证思维。面对当前数字技术与教育深度融合的复杂局面，为处理好相关问题，辅导员需要不断增强辩证思维能力。要明确认识到大数据技术带来的解放性力量，也要反思技术异化并警惕对教育初衷的背离。只有在生成式 AI 等人工智能浪潮中找到适合的生态位，才能避免成为“未来的数字难民”。三是精准思维。数字赋能辅导员队伍高质量发展，要求辅导员注重的学生基本信息“精确”、网络交流用词“精当”、数字教育管理“精细”、智能学习“精深”，做到因材施教、分类施策、滴灌育人。四是共享思维。教育在享受大数据发展带来的红利的同时，也必须解决好因技术迭代和增长效应差异所造成的区域、群体间的数字鸿沟。不同地区、不同院校的辅导员利用、开发和应用大数据教育发展资源的能力水平参差不齐，更应养成“共建共享”的数字包容思维，有效利用数字技术提升教育公平性与包容性。

数字技术能力是运用数字技术的知识和能力，关乎对数字技术和工具的正确认识与使用，是数字胜任力发展的根基。具体而言有以下几点：一是数字技术认知素养，包括对数字技术的本体认识和意识情感。面对数字技术的迅速迭代发展，辅导员是教育技术的直接使用者和资源开发者，需要从底层逻辑出发，深刻理解技术本质和发展规律，明晰数字技术引领教育发展的进路和方向。二是技术工具应用能力，即设备软件使用和信息处理等技能。从日常办公维度，辅导员要会使用、操作和维护电脑系统等。从学生管理教育维度，辅导员须登录操作大学生偏好的“小红书”“斗鱼直播”等 App，精准掌握大学生思想和行为动态，要选择大学生常用的新浪微博、QQ 等社交聊天类软件与之交流，能按需选择和熟练使用常见的学生事务管理及心理健康教育等智慧学工平台。三是数字资源使用与开发能力。辅导员需要掌握加工和开发数字教育资源的方法，能够设计、制作或开发不同形式的数字教育内容与资源，能聚焦受教育者的个性化需求，运用短视频、直播、可视化空间等网络互动方式，提升教育的亲和力和影响力。

数字化教育管理能力是基于数字技术的教育管理知识与技能。辅导员需要运用大数据技术和平台开展教育、管理、服务等，具体包括以下几点：一是网络思想价值引领能力。运用好网络大数据，对大学生开展日常教育和价值引领。辅导员要掌握学生网络思想和行为特点，有的放矢地帮助学生处理好思想认识和价值取向等方面的具体问题，解决学生沉溺于网络游戏、直播短视频等而带来的价值观偏差问题。二是数字教育教学能力。全国高校经过大规模线上教学阶段，大数据教学资源得到极大丰富，线上线下的“双线”教学有机结合已成为新常态。帮助学生适应“双线”教学转换、激发学生学习动力、使学生养成良好学习习惯，是辅导员需要掌握的必备技能。三是精细化管理能力。辅导员依托大数据平台开展年级会议、离校返校路途安全定位、“网格化”园区等精细化管理工作，应充分利用大数据建立安全稳定问题预警机制。四是精准就业指导与服务能力。结合大数据时代发展趋势，为学生提供科学的职业生涯规划、网上简历投放及网络面试等就业指导服务，提高学生胜任未来工作的竞争力。五是网络文化建设能力。引导广大青年学生通过多种数字平台学习和传播社会主义先进文化，展示当代大学生的蓬勃朝气与昂扬斗志，自觉成为建设清朗网络空间的生力军。六是数字化沟通能力。突破时空限制，有效运用数字社交媒体与学生、家长等开展深度交流。辅导员要在延续谈心谈话的传统优势基础上，结合大数据技术的便利性和高效性，把话谈“妥”，把心谈“近”。

数字化安全维护能力是指能够意识到个人和社会层面的数字社会责任，并具备数字安全保护能力。具体而言有以下几点：一是数字伦理道德与安全意识。比如，与大数据活动相关的隐私、知识产权意识，以及安全、合法、负责任地使用数字技术与资源的意识。①二是数字安全保障能力，即在大数据教育活动中应具备数据安全保护和网络安全防护能力。辅导员和学生是数据的生产者、使用者、传播者和拥有者，是数字安全保障链中的重要一环。辅导员要注意保护学生隐私，维护教育管理中的数据安全，特别是涉及安全稳定台账、学生心理健康档案、学生家庭经济状况等。大数据背景下网络安全内涵与外延不断拓展，亟须辅导员积极开展防范电信诈骗、养成健康网络生活方式等方面的教育活动，进一步筑牢校园数字安全屏障。三是网络舆论引导能力。当前互联网已经成为舆论斗争的主战场，面对复杂严峻的网络意识形态安全形势，辅导员必须进一步强化网络舆论引导能力，以“疏”代“堵”、以“悟”代“防”，通过理论阐释、实践体认等方式帮助大学生正确认识和开展网络政治参与活动，使大学生坚定政治立场，培养正确的政治参与意识。

数字化专业发展能力是辅导员在对数字胜任力的终身性、持续性、动态性和情景化发展过程充分认识的基础上，通过不断实践、研究、交流和发展，提高自身的数字胜任力以适应教育实践内外需求的能力。具体而言有以下几点：一是数字主动学习能力。随着简单重复的枯燥劳动日益被人工智能所取代，人类将获得更充足的自由时间。辅导员能积极利用充裕时间开展信息检索、知识扩充和理念重构，突破固定学习时段限制，化解学习与工作、生活的冲突，达成个人成长与职责履行的有机统一。二是数字学术研究能力。教育学术研究与教师成长路径高度一致，在辅导员未来的职业生涯中，需要具备大数据应用与挖掘、教育大数据发展问题反思与验证、智能方法改革与创新等良好的数字学术研究能力，实现专业发展与日常工作的同向同行。三是数字创新创造能力。在广阔的数字环境中，从新颖的角度分析问题、激发思想、提出方案，或主动开发原创文化“微作品”、思想解惑“云课程”、就业指导“数据包”等日常教育数字化资源，让创造性劳动日益创造美好生活。四是数字化专业交流能力。辅导员要学会选择适合的数字社交工具或协作工具，与同事、学者或专家进行有效沟通与有力合作，共享知识、互通信息、交流经验、共同成长，实现多赢的发展目标。

2. 教育和团队建设能力

教育的概念主要强调的是在特定教育环境下，结合实际教育目标，由辅导员利用科学的价值理念、相关时政理论和法律法规，向学生提供针对性的教育教学指导活动，在实际教学过程中，能够引导学生的道德修养和文化素质朝着积极健康的方向发展，确保学生最

① 仇晓春，肖龙海．教师数字胜任力框架研究述评［J］．开放教育研究，2021（05）．

终形成的各项能力与素质能够与当前社会发展趋势相适应。不仅如此，辅导员既需要重视对学生精神层面的准确把握，同时还要主动参与实际课程教学活动，尤其是形势与政策课。在互联网的影响下，学生对时事热点的观点和看法易受外界影响，因此，辅导员需要主动履行职责，对当前的时事热点进行客观真实的解释说明，避免学生的思想意识出现偏差，这实际上就反映出了高校辅导员的优势和作用。现阶段，随着信息化进程的持续推进，新兴媒体不断出现，如微信、微博等，且随着时间的推移，其与现实生活间的联系程度也将日益加深。基于此，在开展教育教学实践活动当中，我们需要重视发挥这类媒体平台的优势，进而增强学生的文化自觉，对大数据背景下的精神内涵进行充分展示，同时展现出高校辅导员独有的职业能力和素养。

党建、团建和班级建设等方面内容，在大学阶段是十分普遍的，同时这也是对大学生开展培养教育的主要内容，其中涉及的党建、班级建设，实际上就是辅导员在开展党建、团建等一系列活动中体现出的管理能力、协调能力和创新能力。① 由于活动的复杂性，单纯依靠辅导员组织活动显然是不现实的，要想保证活动的顺利进行，就需要组建一支高素质的班干部队伍，因此辅导员在新生入学阶段就需要积极开展对优秀学生干部的甄别、培养工作，引导学生干部树立为班级服务的正确理念，同时还要求学生干部能够主动参与党建、团建和班级建设等活动。利用党建等一系列活动引导学生树立远大理想和共同理想，利用组织团日活动加深对学生的认知和了解，为学生提供必要的关心和爱护，利用开展班集体活动培养学生的集体意识和合作能力，实现学生个人发展目标与党团组织发展目标的协调统一，主动为班级建设贡献力量，进而为学生教育教学和日常管理工作的落实提供相应的支持和帮助。

3. 学风建设和日常事务管理能力

学风建设强调辅导员对学生的专业学习状况保持清晰准确的了解，针对不同学生对学业的个性化要求和目标，结合学生的实际状况，为保证学生顺利完成学业提供必要的支持和帮助，并凭借自身掌握的教学资源和积累的教学经验，尽可能提高学生的学习能力，进一步丰富学生的学习成果的能力。② 虽然大学环境与社会环境存在诸多方面的共通点，学生在校园当中不仅需要完成学业，同时还要掌握一定的社会技能，但从整体上来看，在学生阶段最主要的任务仍然是完成学业，我们需要清晰地意识到学生最重要的任务就是学习。大学作为整个求学生涯中最关键的时期，学生的眼界往往能够得到一定程度的开阔，同时也有利于学生专业知识、技能的学习和积累，可以说大学阶段对学生未来的人生道路选择有着重要影响。在这一阶段，单纯依靠学生的自学能力显然是不现实的，因此，辅导员必然发挥自身作用，对学生进行积极引导。在大学阶段，高校的教学目标较之前有着明

① 谢国旗，杨俊萍，姜畔．品牌建设对于辅导员职业能力提升的价值探析——以河北水利电力学院为例［J］．教育教学论坛，2020（11）：31-32.

② 王秀慧．微媒体时代高校辅导员的职业能力研究［J］．智库时代，2020（01）：74-75.

显的区别和差异，大学生的学习目标因而也必须进行适当转变。大学阶段的学习内容更加复杂、学习方式更加多样，并不仅仅局限于被动接受教师对知识的传授，很多知识的学习需要学生自主完成。但是，由于专业的差异性，实际运用的学习方法存在显著区别，部分学生思维活跃、自控力强，就能够及时掌握合理有效的学习方法，而部分学生自控力不强、对自身缺乏严格要求，就需要辅导员为学生提供专业指导。在这种情况下，辅导员需要根据学生的具体专业要求和实际问题，引导学生进一步深化对自身专业的认知，并在此基础上引导学生形成科学健康的学习习惯，树立自主学习的意识，同时为学生提供合理高效的学习方法，保证学生能够按照要求顺利完成学业。

日常事务管理能力，主要指的是辅导员对大学生日常学习、生活过程中存在的问题和困难能够进行及时有效解决，反映的是辅导员的处理能力。由于日常事务涉及诸多内容，因此日常事务管理能力也表现出综合性的特点，不仅局限于学习指导能力，同时还涉及日常事务的诸多方面。如在新生入学阶段，目前大部分学生均属于独生子女，又是第一次接触新的校园环境，因此可能会表现出一定的不适应性，辅导员就必须帮助学生在最短时间内适应大学环境，主动接受新鲜事物。不仅如此，还涉及对贫困家庭学生的经济困难认定工作、评优评奖工作等，另外还有对违反规定行为的处理、对学生生活问题的解决等。由于日常事务较为烦琐，因此在实际工作过程中对辅导员的处理能力有着严格要求，同时这也强调辅导员必须具备高水平的综合能力。

4. 心理健康教育与咨询能力

心理健康教育主要指的是辅导员面对大学生出现的心理问题，进行及时有效的疏导和引导，协助大学生调整自身的心理状态，并定期组织开展多样化的心理健康教育活动，进而保障学生身心健康发展，从中能够反映辅导员的组织能力和协调能力①。不仅如此，还要求辅导员在日常教学管理过程中重视对心理专业知识的学习和掌握。在现代背景下，随着社会经济进程的持续推进，对大学生同样有着更加严格的要求，社会发展过程中更加看重人才的素质与能力。因此，当前大学生面临的学习、生活、就业等方面的压力剧增。从大学生角度来看，这种形势在不同程度上存在一定的心理压力，所以大学生的心理健康教育引起社会各界人士的高度重视。要积极利用现有教学资源为大学生解决心理问题，大学生长期置身于校园环境内，在学习、生活过程往往与辅导员的沟通和互动最为频繁，辅导员对大学生的心理状态的了解程度无疑是最高的，同时由于辅导员队伍的年轻化，因此大多不存在与学生间的心理代沟，大学生在日常学习和生活过程中，一旦出现生理层面或心理层面上的问题，需要辅导员为学生提供及时有效的指导，引导大学生主动面对和解决问题，最终实现大学生的综合全面发展。

5. 网络教育运用与危机处理能力

大学校园与社会存在诸多共通点，由于互联网的兴起和发展，怎样净化网络环境，怎

① 高昊，张雨婷．高校辅导员职业能力提升路径探索［J］．中外企业家，2020（16）：152-153.

样利用网络加强对学生的思想文化教育，怎样通过互联网渠道密切同学生的沟通，怎样通过网络解决学生的现实问题等，上述问题实际上均需要在现实教学环境中引起辅导员的高度重视。① 网络教育能力强调辅导员能够依托于校园网络将大数据背景下涌现出的一系列优秀文化、思想呈现给学生，在互联网平台的支持下，促进自身工作渠道的拓宽，如利用互联网与学生进行沟通，现在网络已经融入大学生生活和学习的各个方面，他们可能更偏向于利用网络与辅导员进行互动和沟通等。辅导员需要对网络最新信息有着及时全面的掌握，并在此基础上对该信息对大学生造成的影响进行识别与评价，通过线上线下多种渠道和方式对学生的网络动态及时把握，如通过微信朋友圈能够了解大学生近期的情感和生活状态，进而及时帮学生解决一些力所能及的问题。这也要求辅导员能够熟练运用这部分网络软件，了解现阶段的网络流行用语，以保证辅导员与学生能够保持密切互动。上述均属于辅导员通过网络渠道为学生提供多样化指导，高级辅导员既能够对现代媒体有着高效利用，同时还能与线下渠道进行有效结合，在此基础上引导大学生充分发挥自身主观能动性主动投入到学习当中，教育学生要在网上树立自我保护意识，同时加强自我约束，以避免大学生出现违法违规的网络行为；同时能够根据学生普遍关注的社会热点做出客观评价，并对学生的认知展开积极正面的引导，另外，依托于微博、校园公众号等一系列公共平台对相关内容进行及时公开，以保障学生能够对网络舆情保持清晰认知。不仅如此，作为一名合格的辅导员，还要具备应用现代信息技术的能力，凭借自身在教育实践当中积累的丰富经验对网络媒体传播的内在机制进行深层次剖析，在此基础上确保网络教育任务顺利完成。

针对危机事件的处理，强调的是辅导员能够合理有效处理在学生生活和学习过程中的突发事件，通过科学合理的处理措施，避免对正常的生活和教学秩序造成破坏，保证学校的声誉和形象不受损害，这实际上反映的是辅导员的处理能力和控场能力。② 从目前实际情况来看，各大高校中损坏学风、校风的事件普遍存在，且这类事件均与学生的日常生活有着密切联系，这也为整个校园环境埋下了隐患。因此，政府相关部门必须充分履行自身职能，要及时有效地应对各类危机事件。除此之外，在这种复杂的校园环境中，辅导员由于与学生在日常教学当中能够保持密切互动与联系，因此在高校教育实践当中，辅导员对此类事件的处理必须保证学生的主体地位，在避免学生的合法利益受到侵害的基础上，尽可能地保障学生的生命安全，营造积极健康的校园环境。

6. 职业规划和创业就业指导能力

职业规划与创业就业指导能力具体指的是要求辅导员能够协助学生结合自身的个性、能力和发展目标等因素，对学生未来的职业发展进行合理规划。③ 辅导员要面临不同学生的专业区别，准确把握市场人才需求，并联系目前的就业形势，对各个专业的就业状况进

① 杨晓蓉，牟玄，晏榛．高校辅导员职业能力提升的困境与对策［J］．课程教育研究，2020（03）：217-218.

② 张燕玲，李艾诺．新时期高校辅导员职业能力素养提升方法探析［J］．教育教学论坛，2020（09）：10-11.

③ 欧阳小芽，何园园．贵州高校辅导员综合职业能力评价［J］．山西科技，2020，35（01）：93-95.

行统一汇总，进而为学生就业问题的解决提供适当的帮助，为学生提供职业化成长的就业指导服务。作为学生正式迈向社会的最后一个阶段，在大学阶段向大学生提供科学、专业的就业指导和就业咨询服务，既能够尽可能避免大学生在就业过程中出现错误，同时还能为大学生未来的职业发展与规划起到一定的导向作用。由此可见，辅导员对大学生的发展有着重要意义，不仅在日常学习和生活过程中，承担着管理学生、服务学生等一系列重要职责，还要向大学生提供就业指导，这同样属于大学辅导员的重要职责之一，他们在这一过程中承担着不容推卸的责任。

7. 理论和实践研究能力

初级的辅导员要具备教育学、管理学等相关专业的硕士学位，同时能够主动参与校园内和社会上组织开展的一系列学术交流活动、课题研究等，凭借自身掌握的知识和经验，对现实环境中发现的问题展开深层次的剖析。① 中级的辅导员需要具备教育学、管理学等相关专业的博士学位，主动参与国内举行的学术研讨会，能够主持校级及以上关于教育的课题或项目，并取得一定的成绩，同时能够领导专门的科研团队。高级的辅导员要求能够对国内外管理学生工作事务的整体趋势有着精准识别与判断，能够对学术研究活动提供相应的指导，同时给予相应的意见。

二、辅导员职业能力提升的必要性

党和国家历来重视大学生教育，强调针对性和实效性，为源源不断地培养合格建设者和可靠接班人指明了方向、提供了保障。随着社会进入大数据时代，高等教育供给侧结构性改革明显迫在眉睫，教育领域也暴露出了一些问题。

（一）辅导员队伍职业化成长发展的必然要求

大数据背景下，高校辅导员要适应社会需求，就必须提高自身的专业素质和专业能力。想要提高辅导员队伍的职业化成长水平，就要对其进行思想引导教育，帮助辅导员深入了解职业职责，提高其教育、管理和服务的能力，从而推动辅导员队伍的职业化成长和职业化水平的提高。

1. 辅导员队伍职业化成长发展的需要

高校辅导员的专业水平是辅导员队伍的支柱。通过提供专业知识和职业技能，在帮助他人的同时实现了自己的人生价值，体现了生命的意义，能够激发更多的专业人才加入辅导员队伍，从而增强自信心，获得幸福感、荣誉感和成就感，同时也有助于辅导员队伍的稳步发展。高校辅导员要想实现专业成长，必须提高自身素质。辅导员在长期的发展过程中，自觉加强自我职业能力提升，积极探索职业化成长之路，提升职业认同感和职业归属感，实现由专职向职业化成长的转变，最终可成为一位专家型辅导员。

① 罗莉．新形势下高职院校辅导员职业能力提升研究［J］．智库时代，2020（08）：53-54.

专家型辅导员特别强调辅导员个人榜样标杆作用的发挥，要用自身的人格力量来引导大学生，激发大学生对教育内容的认同和对辅导员个人品行的效仿。职业能力的提升对辅导员的信仰忠诚度提出了极高的要求，辅导员首先要明道信道，坚定理想信念，要有极高的道德素质。“其身正，不令而行；其身不正，虽令不从”。可见，辅导员自身的道德素质要提高是职业能力提升的第一步，发挥“参照物”作用，为大学生思想和行为树立道德标杆。

辅导员教育是一项做“人”的事业，在时代不断进步的背景下，大学生教育途径和手段实现了与时俱进，高校辅导员教育专业能力也应发展创新。这不仅适应了时代发展和实际工作需求，更是对做好教育工作有很大激励作用，加强了教书育人效果。高校教育必须了解大学生的实际问题，对症下药，动之以情，晓之以理，从根本上说服大学生。辅导员教育职业能力着重点是辅导员在进行教育工作中表现出来的特殊魅力和吸引人的力量。职业能力既表现在日常事务管理中，又是隐性的，很难定量，高校大学生只有切身体会这种力量才能受到感染和教育，心悦诚服配合辅导员教育教学工作，才能不断加强辅导员走向职业化成长和专家化。

在弘扬工匠精神过程中，高等学校在注重培养学生职业技能的同时，也认识到了塑造学生精神境界的重要性，并倡导“两手”并重。为了培养大数据背景下高素质技能型人才，大学生素质的提升离不开辅导员对他们的谆谆教导，同时也是推动高校辅导员专业素质及综合能力持续提升，不断走向专业化、职业化的需要。

2. 辅导员队伍职业化发展的需要

职业化是现代社会向细分工迈进的结果，提高辅导员职业能力有助于辅导员队伍朝着职业化成长的方向迈进，强化其社会认同感。从长远看，要想进一步提高高校辅导员队伍职业化水平，保证辅导员队伍稳定，就需要坚持辅导员队伍职业化水平提高的目标导向，更新工作理念、完善培训系统、提供学习环境，朝着职业化成长的方向迈进。

细化分工，合理设置职业岗位，完善工作体制。根据辅导员职业、个人特长等方面进行定位，形成辅导员职业化建设长效机制。职业化的普及要求辅导员除了具备所从事职位的职业技能与专业知识外，还要积极规划自我职业生涯、确立职业生涯发展方向与职业领域、强化职业学习与理论研究、拥有自己特有的职业能力、熟练掌握某项专项能力、实现可持续发展等，使之成为特定领域内的行家。比如，心理健康教育专业毕业后，辅导员应作为心理专干到学院工作。就业指导专干拥有长期能在企业与学校间架桥梁、沟通能力强、组织管理能力强的辅导员。

对大学生进行日常教育工作是辅导员走专业化和职业化道路中比较重要的一项技能，如果不具备一定的业务能力，辅导员就不能胜任这一工作，专业化和职业化更谈不上了。如果把教育作为辅导员的一项“基本功”，不断提高辅导员职业能力的根本要求则成为辅导员走专业化和职业化之路的根本需要。辅导员的职业能力既可以体现其个人魅力，又可以体现其从事教育活动的影响力，而这些恰恰是辅导员走专业化和职业化发展之路的必要条件。进行有较深影响的教育活动是辅导员专业化和职业化发展的一个重要标志。

（二）大数据背景下高校发展变化的迫切要求

辅导员作为培养担当民族复兴大任的时代新人的角色，其内涵更为丰富、职责更趋繁重，在工作要求不断增加的工作境遇中，对其职业能力提出了更高的要求。

1. 构建和谐校园的必然要求

教育的成效直接决定着高校落实立德树人的情况，增强辅导员职业能力可以增强高校教育工作的吸引力、感染力与渗透力。辅导员作为高校学生日常教育与管理的组织者、实施者与指导者，在建设和谐校园与人文校园方面占据着独特优势。辅导员对大学生状况有更多的了解与把握，能对学生关注的热点、重点问题及时教育和引导，化解矛盾冲突，维护校园稳定。提高辅导员的职业能力犹如架起了师生间心灵与情感上的桥梁，能在辅导员对学生进行教育引导时，学生切实有心悦诚服之感，对教师的奉献会倍加珍视，对教师的劳动会倍加尊重，营造出和谐的校园环境。

构建和谐校园，一方面有利于为青年大学生提供积极健康的学习、生活和工作氛围；另一方面有利于激发教育工作者的积极性。因此，首先要解决校园中人与人之间的关系，只有这样才能增强构建和谐校园的力量，从而更好地推动和谐校园建设。高校当中学生群体占据着绝大多数，因此，若想构建和谐校园的任务能够顺利完成，就需要重视高校大学生的身心健康的发展，当学生的身心健康受到严重影响时，就需要作为高校教育的主体力量的高校辅导员发挥积极作用。高校辅导员善用教育的亲和力获得学生的情感认同，要站在学生的立场，并把学生的利益放在最重要的位置。其次，辅导员要了解学生的思想动态，对于学生所产生的某些负面情绪、行为进行有效的正面指导，及时化解矛盾，维护校园和谐。和谐校园是学校发展美好的一种姿态，高校辅导员和学生之间、学校和学生之间的和谐不仅追求外在的和谐形式，更是内在真正的和谐接触。

2. 大数据背景下大学生教育工作发展的需要

网络信息技术的蓬勃发展和多种传播媒介的出现，为风云变幻的国际国内形势融入大学提供了便利，多种非马克思主义社会思潮借助网络媒体持续冲击着大学校园。面临着社会的快速发展，国际国内政治经济形势发生的深刻变化以及改革开放实践中出现影响高校教育的外部环境因素也带来了挑战。

辅导员不再是信息来源的主渠道。辅导员为了能够跟进学生的接收信息速度，需要不断提升接收信息的敏锐性、网络舆情把握度、媒介运用能力、应变能力等。辅导员要有工作艺术和技巧，善用网络的形式来处理跟学生之间的沟通问题。提升辅导员职业能力有利于辅导员在大数据背景下实现角色转变，克服“本领恐慌”与理论传播碎片化现象。

（三）培养担当民族复兴大任时代新人的客观要求

从大学生进入校园生活开始，就摆脱了过去的学习和生活方式方法，由被动的学习状态转变为主动的学习状态。大学校园也是一个小的社会环境，要在激烈的竞争中学会一技之长，学会生存本领和能力。

1. 准确把握大数据背景下大学生思想特点的需要

中国特色社会主义事业发展中，卓越人才培育新任务也给高校辅导员职业能力提升带来新挑战。大学生个性具有独立性、自觉性和隐秘性等特点。对于正处在理想信念、道德品质以及价值理念塑造关键时期的高校大学生来说，判断外界是非的能力有限。辅导员需要不断加强自身素质及相应心理辅导技巧等，一旦发现学生心理、思想健康有危险苗头，应及时解决应对。辅导员不仅要关注社会主流意识形态发展，更要关注大学生思想发展趋势，提高对“互联网+”时代“00后”大学生思想特点及影响其个人思想的主要因素的分析与把握能力，根据不同学生个性差异及思想特点的差异，有的放矢地进行深入的辅导。在高校立德树人工作模式下，辅导员要准确掌握大数据背景下大学生的思想特点。

2. 做好大学生日常事务管理工作

辅导员作为一线工作者，需具有较强的协同育人功能，结合各类工作队伍对学生的照顾和融入，解决他们在思想上遇到的难题和现实中存在的问题，充分展现高校辅导员的育人功能与服务功能。辅导员要对学生进行“立德树人”教育，使大学生坚定理想信念、培养爱国精神，为国家繁荣富强发展贡献力量。

高校辅导员不管是在学习上还是在生活上都是与大学生联系最为密切的人，要当好大学生的人生导师、健康成长知心朋友，对大学生状况有更多的认识和把握，能对学生关注的热点、焦点问题给予及时教育引导，化解矛盾冲突，助力学生在平安校园里得到全面发展。

充分发挥高校辅导员对大学生心理健康教育工作的管理职能。良好心态和健康人格是大学生身心健康发展的象征，高校学生组成较为复杂，脱离家庭，独自踏入社会易产生一定的心理问题，根据当代大学生心理特点加强心理健康教育以帮助他们掌握有效的心理调节方法和养成良好心理品质是高校辅导员不可推卸的责任。辅导员要充分利用自身工作条件，在进行心理辅导与咨询的基础上，通过定期谈话活动引导学生以宽广的胸怀和积极向上的心态去面对自己、他人及社会，以理性正当的态度去表达利益诉求，培养良好的心理品质及自尊自爱自律自强的优良品德，强化战胜困难、经受考验和挫折的精神，有的放矢地帮助学生解决学习成绩、择业交友及健康生活中遇到的各种具体难题，提升境界、情趣与品位。

三、辅导员职业能力提升的困境

高校开展职业能力提升系列活动，通过建立工作坊的形式丰富了工作方法，通过与第三方合作的方式创新培训模式等给辅导员职业能力提升创造机会。但辅导员职业能力提升层面依然存在着工作不积极、方法创新意识不强、高校制度体系落实不完善等困境。

总体上看，高校辅导员职业能力普遍是好的，但是在高校制度建设、辅导员工作方法与创新意识、辅导员自我提升积极性方面依然存在着职业能力提升困境。

（一）高校辅导员制度体系建设不完善

高校完善的制度体系能够给辅导员带来安全感和归属感。付出和努力有相应的回报可以激励辅导员不断提升自己的职业能力。高校需对辅导员从入职培训、在职培训、晋升、物质奖励和精神奖励不断完善，提高辅导员职业能力建设方面的积极性。高校辅导员工作涉及各个领域，与学校的每个职能部门都会打交道，给辅导员提供公平公正公开的考核标准，不仅能促进辅导员工作积极性，而且会提高辅导员在提升职业能力方面的积极性。

我们要坚持“德才兼备、以德为先、任人唯贤”的用人方针。即在选拔干部人才到重要岗位工作中，一方面考察人选的德与才，应具有思想道德素质；另一方面，要将合适的人用在合适的岗位，做到任人唯贤、人尽其才、物尽其用。各高校在辅导员选拔中，要将素质较高、综合能力较强、乐于参与学生工作的人选拔进辅导员队伍。

在各高校选拔辅导员时，需要对应聘者的就业目的进行考核。辅导员岗位是流动性较高的岗位，一方面是因为一线辅导员工作确实累；另一方面是选聘过程中，辅导员对自己的职业生涯没有充分的认识和界定。

（二）辅导员工作方法与创新意识不足

教育要从学生需求出发，针对学生需求的实际情况，有选择性和针对性地进行方法取舍。适当地创新教育内容、工作方法，利于辅导员提升职业能力，与时俱进的教育创新概念也能够获得学生的认可，在职业晋升当中创新会带来新的成就。如今大学生课余时间的大部分是由网络占据的，因此，大数据背景下的教育是学生真心喜爱，终身受益、毕生难忘的教育，在空间和时间上可以减少诸多沟通不便的麻烦。但辅导员在运用大数据时融入教育的深度不够深，偏向于事务性工作。教育并不是一味说教，而是有温度的、为学生需求而准备的引导教育。理论是教育的基础，只有扎实的理论知识才会对高校大学生顺利进行教育，使理论与学生的实际生活密切联系。

辅导员在学生工作中的教育包含着事务性内容，主要有新生入学教育、就业指导教育、心理健康教育，以上三项是辅导员经常开展的教育内容。其中新生入学教育和心理健康教育是高校教育的一部分，毕业季的就业指导和就业率是辅导员事务性工作的重要部分，同时，也会给学生开展诚信就业指导教育。部分辅导员认为理论教育是任课教师的任务，与辅导员岗位没有关系，自己扮演的角色是上传下达、部署安排，保证学校布置的任务不出现纰漏。辅导员本应该是大学生成长过程中的人生引导者，但在正式的工作过程中缺少了针对性。辅导员在日常工作中过于重视事务性工作，忽视了教育内容的创新和针对性。高校应当认清辅导员的职业位置，不能脱离工作守则，关注提升辅导员在教育内容方面的职业能力。

辅导员应不断尝试改革教育方法，在实践中潜移默化地影响学生的思想，引导学生、鼓励学生，不断提高他们的思想觉悟和认识能力。实践活动能够带给学生喜悦和欢乐，新颖活泼的方式特别适应当今受教育者开放、多样的特点与要求。但高校辅导员在教育实践中缺少创造性，校园里的活动一直是多年保留下来的传统的活动形式。比如迎新教育活动，多年来永不变的一套模板用于每一届学生，迎新教育活动中涉及心理健康教育、网络诈骗、学院领导讲话、辅导员讲话、新生代表讲话、助理代表讲话，自始至终以在一个大堂里轮流讲话的形式迎接新生，但是，说教式迎新已不再能引起学生的兴趣。辅导员应当为大学生扣好生活的第一粒扣子，充满仪式感地带领大家加入校园生活。教育重点是要考虑到学生有兴趣、能接受的途径与手段来进行教育活动。能否做好辅导员教育是对辅导员职业能力的检验，院校辅导员教育的内容与方式都有一定难度，应重视并提高辅导员教育职业能力。

（三）辅导员自我提升积极性不高

辅导员作为高校教育工作中极为重要的一部分，是高校教育的主力军。辅导员面临着时代呼唤，面临着为谁培养什么样的人、如何培养的根本问题，这就是国家号召的培养专家型辅导员的原因，只有这样，才能更好地为高校教育贡献力量。

辅导员是大学生的引路人和思想上的指导者，首先需要提升自己的职业技术能力和专业知识。自我提升是指通过主体的主动努力和学习来提高职业能力和专业知识水平。高校辅导员对专业知识和职业技术运用有较高的要求，通过专业的知识和技术来指导、引导大学生，会得到学生的高度认可，依赖过旧的专业知识和技术，不仅使自己落后，更会引起学生反感。

高校花费大量的财物、人力和时间给一线工作者提供了提升职业能力的机会，但是培训内容和培训效果在一线工作中引起的效果没有达到预期设想。不少辅导员把培训当作形式教育，并不在乎培训内容和培训形式。辅导员对培训必要性的认识较低，还需进一步提高。虽然大多数辅导员在积极参与培训，但他们中依然有大部分把学校提供的培训机会当作是完成任务来对待。思想上对培训的不认可会影响培训效果和培训成效。

高校设立辅导员岗位的目的是对大学生进行教育，保证学生在思想上向组织积极靠拢，与时代步伐保持同步发展。随着高校学生的扩招，辅导员岗位的职责和存在的意义越来越偏离重点，致使高校辅导员日渐成为“保姆式辅导员”。辅导员关心关爱学生是应该的，但日常对学生提供服务和处理琐碎的事务性工作占据了大部分时间，没有办法静下心来研究如何进行教育。学校的事务性工作非常多，只要是面对学生的事务管理都会经过辅导员。如财务处的催缴学费，每年年底没有按时交学费的学生名单下发给辅导员，让辅导员催学生交学费，并说明情况。每年开学期间，教务处开通选课系统，通过辅导员来传达有关选课事项，学生遇到选课困难也只会找辅导员帮助。这说明学校其他职能部门工作的顺利开展也有辅导员的贡献。另外，其他职能部门都对辅导员进行考核，打消了辅导员的工作积极性，辅导员岗位成了所有职能部门都考核、所有部门都监督的岗位。

辅导员负责的事务性工作五花八门，“没有辅导员解决不了的，只有学生想不到的”。辅导员负责奖助学金评定、积极分子发展、查寝、查课堂到课率、与重点关注学生谈话、预防电信诈骗、人身安全等。除了这些常规性的工作之外，经常会遇到学生突发情况，学生感情出问题、学业上遇到困难、夜里突然生病急诊送到医院，甚至家长联系不上自己的孩子也会找辅导员帮忙。此类的事务性工作占用了辅导员太多的时间，辅导员没有更多的精力部署学生对社会主义先进文化的教育学习，去引导学生、启迪学生。

科研能力是辅导员职业职责中同样关键的部分，但是他们在工作过程中常常会对科研能力的提升出现疏忽。辅导员缺乏科研积极性，一方面是因为平常工作压力和忙碌的工作导致对科研项目腾不出时间；另一方面是因为科研项目申请难度大，辅导员专项项目少，这限制了辅导员申请项目，增加了申请难度。另外，学校对有科研项目的辅导员的激励机制也不够完善，没有专项激励政策。

四、辅导员职业能力提升的影响因素

当前影响高校辅导员职业能力提升有三方面因素，即组织制度因素、社会环境因素、个人认知因素。

（一）组织制度因素的影响

影响高校辅导员职业能力提升的组织因素中，最重要的就是高校制度体系建设，主要包括日常管理制度、晋升考核制度、激励保障制度、培训制度等。高校的制度体系建设在很大程度上影响着当前高校辅导员职业能力提升效果和发展进程。

1. 部分政策执行不到位

自1950年以来，辅导员队伍建设的相关政策文件共颁布了30余份，颁布的文件政策措施为辅导员的职业化、专业化提供了政策保障。但是部分政策执行落实不到位，影响辅导员工作积极性。

例如辅导员双线晋升制度落实困难。双晋升原本是为辅导员职业化发展拓宽渠道，使辅导员在工作岗位上能获得认同感，为辅导员提供在岗位上安心工作的条件。然而，执行过程中，在客观、主观因素的影响下，政策并没有发挥其应有的作用，有时甚至会产生负面效果，这对提高辅导员的职业能力是不利的。

又如，辅导员激励机制是以辅导员在工作中的表现为目标，以劳动力为中心的待遇改善。精神激励机制就是提供辅导员升迁与成长的机会、提高心理满足感的机制。物质激励包括增加辅导员的工资、奖金、津贴和分配福利以满足生活的需要和调动辅导员的积极性。辅导员的工资待遇跟工作年限、职称和职务有密切的关系，但高校应当提升基本工资待遇，给一线辅导员在物质和精神上提供保障。

2. 高校选聘制度不完善

在对辅导员进行遴选的过程中，应聘者的目的和岗位需求不相适应的问题较为突出，这种情况影响了辅导员职业能力的提高。在现行辅导员选拔体系下，求职者应聘宗旨与高校辅导员选聘宗旨不符，表现为下列两种现象：一是使用辅导员岗位实现其他目标的求职者被挑选到辅导员队伍中。应聘者是为大学环境，或者接受组织安排加入辅导员队伍的，心里缺乏从事此项工作的热诚，不愿把精力放在学生工作上，不利于辅导员队伍的发展，更不利于辅导员职业能力优质提升。二是以辅导员为跳板，选拔应聘者进入辅导员队伍。在辅导员群体中，有些人最初之所以会选择辅导员岗位是因为他们喜欢大学里的工作氛围与工作环境，或将其作为职业生涯中的过渡阶段。部分辅导员并没有将辅导员岗位作为一种“职业”来对待与付出。

（二）社会环境因素的影响

1. 高校学生特点的转变

辅导员的工作对象是是非观念尚未成熟，世界观、人生观、价值观还未健全的大学生。大数据背景下，大学生成长环境不同，接受教育程度比以往都深，接受外界信息和接触大数据机会极大，思想认识具备较高的独立性。在这种极强的独立思想的作用下，辅导员开展教育工作面临了巨大的挑战。大学生群体有以下几个特点。

一是信息接收渠道和内容丰富化。随着大数据快速普及和信息技术的日益完善，大学生群体从小就开始接触电子科技产品。网络上丰富的教育资源为大学生的自主学习和自我提升带来了便利，同时，网络上各式各样的新闻和宣传内容，对是非观念尚未完全健全的大学生而言是思想上的冲击。网络游戏给大学生带来的影响改变了学生的身心健康，沉迷游戏的人数大大增加，网络不良信息难以识别、网络诈骗案件高发等群体性现象不断增加。

二是心理承受能力普遍降低，心理健康问题频繁出现。随着社会经济的发展，家庭平均财富大幅增加，大学生群体从小的生活环境非常优越，因此，当这些学生经历过严格的高考进入大学后，一旦对学习出现怠慢状态，或者是对新的大学环境不能适应等问题，使他们很容易受到打击。若辅导员不及时进行心理指导和思想引导，易导致心理健康问题，这要求辅导员具有敏锐的观察力和专业的心理健康指导能力。

除了这些问题，大学生也呈现出许多积极的特征。比如他们的思维开阔，创造力和想象力都比较丰富，行动力强，更愿意表达自己的想法等，这些积极的特征要求辅导员具有更专业的知识技能和高素质能力，适应新一代大学生群体特征的变化。

2. 大小舆论环境差异化

社会舆论环境为辅导员提高职业能力提供了社会环境。如果正面引导的舆论作用于辅导员，那么伴随着辅导员社会地位的不断上升，将吸引更多素质高、质量好的人才投入辅导员队伍中，从而使辅导员队伍整体素质以及职业能力得到极大提高；如果社会舆论消极地引导辅导员，辅导员在社会中的地位就会越来越低下，优秀人才不愿意加入辅导员队伍中，打击辅导员的工作热情，出现工作倦怠，不利于辅导员队伍的建设以及职业能力的提高。

社会舆论环境是否有利于辅导员职业能力提升，要看社会大小环境的舆论影响。首先是针对大环境舆论而言，党和国家出台各类政策性文件，并提供了政策保障，有助于辅导员在高校顺利开展教育工作。小环境舆论是指高校内部对辅导员职业能力提升的影响。在高校工作过程中，一方面，学校内部其他职能部门以及专业课教师对辅导员工作的不认可，辅导员校内地位低下；另一方面，辅导员工作前途迷茫带来的倦怠状态，双晋升政策在高校的落实不到位情况，辅导员出现行政提升和评职称的困境等。

大环境舆论肯定和小环境舆论否定相对立。就辅导员本身而言，辅导员长期生活、工作于小环境中，所以小环境舆论所造成的冲击是非常大的。大环境中的积极舆论，将进一步推动小环境中辅导员消极舆论的形成。

（三）个人认知因素的影响

促进辅导员职业能力提升影响因素中，辅导员自身的认知水平和积极性是关键，因为个体的认知水平的提高促进个体综合发展。

1. 辅导员疏忽理论与实践相结合

高校教育工作有着灵活多变的工作性质。辅导员片面地选择理论或者实践经验教育，会引起学生对教育的反感，因此，在教育过程中要讲究理论与实践相结合，提升个人扎实的理论知识和实践经验。

高校辅导员职业能力的构成包括网络大数据应用、工作方式的创新能力、科研能力的提升、危机事件应对、日常事务管理能力等，需要不断学习和更新自身的知识技能。这些技能的更新和提升本质是知识储存和更新的能力。

有些辅导员机械式地学习而忽略了联系实际，而实践就是对理论进行实际应用的过程。在理论学习中，都很难取得应有的成效，有时甚至会造成事与愿违的负面影响。之所以出现上述问题，归根到底还是由于思想处于怠慢状态所致。

2. 情感上排斥学生工作

学生思想工作是做人的工作，如果辅导员在工作中不投入情感，那么与学生之间的交流将会成为无效沟通。因此，辅导员在做学生工作过程中需要具有亲和力，吸引学生。

部分辅导员与大学生产生观念冲突，这里的冲突并不是两个个体之间的直接的对抗，而是辅导员和学生之间观念、价值、权益、规则等方面观念不同而产生的冲突。辅导员在开展工作的过程中，稍不留神的话语或者行为，可能会被学生当作“把柄”，通过各种途径小事大化进行“扣大帽子”举报现象。此类案例的多次出现，影响辅导员和学生之间的亲密关系的建立，辅导员也会逐渐对学生工作失去兴趣，排斥情感上的付出。

部分辅导员对学生工作评价较低。辅导员通常被学生誉为“保姆”，看起来亲切的背后，隐藏着辅导员工作的辛酸。之所以被称为“保姆”，是因为辅导员“五加二，白加黑”的工作状态，对学生的生活、学习、感情等一系列问题高度关注并是大学生在学校期间最亲近的人。在工作期间，辅导员向职能部门每天提交各类表格、统计学生信息、制作表格、分析数据，这些工作占据了辅导员大量的工作时间。如此大的工作压力之下，辅导员脚踏实地开展教育工作是非常困难的，大幅度降低了辅导员对学生工作的评价和热情。

另外，就整个高校发展而言，辅导员的工作有时候也被叫作“课外教育”、教辅工作等。一方面面临着几百个大学生事务的处理，另一方面又处于工作强度大、不被承认的环境，都可能造成辅导员对于学生工作评价较低，正因为如此，相当一部分辅导员对于学生工作有着“尽力而为”之感。它不仅是辅导员的声音，更是辅导员生存状态的写照，是辅导员对学生工作产生感情异化的根源。

第二节　大数据背景下辅导员核心素养

一、辅导员核心素养概述

（一）辅导员核心素养的内涵定位

辅导员核心素养与辅导员素养既有一致性，两者都属于高校辅导员素养的范畴，又有本质的区别。核心素养是高校辅导员身上具备的特殊的气质，并非每位高校辅导员都具有核心素养，或者说并非每位高校辅导员的核心素养都已经被开发出来了。高校辅导员核心素养的内涵，必须以科学理论为指导，结合高校辅导员队伍发展的规律，才能进行深入的理论探讨和分析。

1. 核心素养的内涵

马克思主义关于人的本质、人的需要、人的全面发展理论是讨论高校辅导员核心素养的指导理论。马克思主义认为，人的发展有两方面规定性。一是人与动物是有本质区别的。人与动物的区别体现为人是有意识的，具有主观能动性，能够根据自身需要、社会需要有目的地开展实践活动。“人们生产自己的生活资料，同时也就间接地生产着自己的物质生活本身。”① 人之所以为人，是因为人的劳动具有自主意识，是在意识的支配下开展的社会实践活动。而动物则不然，动物的活动只是一种本能。马克思以“最蹩脚的建筑师”与“最灵巧的蜜蜂”作为对比，指出，即使能够建造出工艺复杂、丹楹刻桷的蜂房，蜜蜂也比不过世界上最差的建筑师。那是因为“最蹩脚的建筑师”在建造房屋时，虽然他的构思并不够精美，设计也差强人意，但是关于房屋的意识已经在建筑师的头脑中形成了。对于“最灵巧的蜜蜂”而言，它虽然建造出精美绝伦的蜂房，但它只是出自动物本能的行为，而非蜜蜂的意识使然。即“劳动过程结束时得到的结果，在这个过程开始时就已经在劳动者的表象中存在着，即已经观念地存在着”②。二是人的发展具有社会性。人的发展不能超越社会历史发展阶段。同时，人又是社会发展的主体，人的发展在某种程度上推动着社会历史的进步。不同社会历史条件下，对人的发展的要求是不同的，人只有把自身置于社会历史的大背景中，根据社会历史发展潮流，达到合目的性与合规律性的统一，

① 马克思恩格斯文集·第1卷［M］．北京：人民出版社，2009.
② 马克思恩格斯文集·第1卷［M］．北京：人民出版社，2009.

才能实现自身高质量的发展，才能真正实现人生的价值。正如马克思所说，“历史什么事情也没有做，……创造这一切的……正是人，现实的、活生生的人。”①

人的发展要达到合目的性与合规律性的统一并非易事，需要人具有较高的素养，特别是具备一些“核心的要素”，这些核心要素能够使人们正确认识把握客观规律，也能够促使人们有目的地开展实践活动，为社会造福。具体到高校辅导员身上，即要求高校辅导员一方面把握高等教育发展规律、把握大学生成长成才规律；另一方面要通过教育实践活动，实现自身与大学生的共同发展、共同成长。对高校辅导员的上述要求显然是不容易实现的，这就要求高校辅导员具备较高的素养，特别是具备一些“特殊的素养”，这些素养可称之为“核心素养”。

在对核心素养进行理论分析之后，再来界定其内涵，才能使高校辅导员核心素养的内涵具有科学性、可靠性，也才能够为进一步研究提供理论支撑。核心素养是高校辅导员推动教育工作发展的关键能力，是高校辅导员在工作中能够不断提升自身能力、进行工作革新的关键因素。因此，可以从高校辅导员开展大学生教育工作的过程中定义核心素养的含义：核心素养是高校辅导员开展学生工作过程中，自身所具备的稳定的、独特的、优秀的意志品质和工作能力，这些稳定的意志品质、工作能力等能够支撑辅导员有效开展学生工作。要科学区别辅导员核心素养与一般素养、能力之间的关系。因为辅导员有了某些特质，他们可以在工作中把理论、能力、知识等转化为大学生的素质，使大学生形成党和国家需要的道德品质。辅导员的一般素养能力是指辅导员能够从事学生工作的基本条件，这些条件并不会对大学生素质、思想道德修养的提高起着决定性作用。从另一个角度看，核心素养是辅导员自身发展的决定性因素。党中央要求辅导员要朝着职业化、专业化、专家化的方向发展，要实现这“三化”，辅导员自身必须具备不同于其他高校教师、高校行政管理人员的独特气质，高效、高质量地开展学生工作，即“在社会组织中，专门职业是获致高度服务的机构”。显然，要使辅导员具有高度的“服务水准”，辅导员需要对自身的一般素养能力进行升华，“修炼”出核心素养。

从这一个意义上讲，核心素养存在于高校辅导员自身，是高校辅导员在对学生工作不断认识过程中以国家社会需要和学生工作需要而形成的，是把学生工作价值和自我价值融合起来实现的关键要素。这种关键要素既有高校辅导员理性认知、理性思考、自我要求的要素，也有高校辅导员情感认同的要素，是高校辅导员理性与感性有机结合的产物，能够反映高校辅导员对自身事业、对学生工作事业、对高等教育事业等多个层面的价值追求。当然，高校辅导员核心素养是内外条件结合的产物，既有高校辅导员的自身诉求、自身追求，也有社会条件的支持，比如，相关制度支持、相关体制机制支持等。

因此，高校辅导员核心素养的内涵主要包括三个方面的内容。

第一是价值基础。价值基础是高校辅导员核心素养的根基，没有价值基础、价值基础

① 马克思，恩格斯．神圣家族，或对批判的批判所做的批判［M］．北京：人民出版社，1958.

不牢、价值基础偏差，都会影响核心素养的生成及功能发挥。对于高校辅导员而言，价值基础指马克思主义价值理论和社会主流价值取向、中国传统的价值思想等。社会主义核心价值观是价值基础的主要内容，包括辅导员对社会主义核心价值观的认知、认可、认同等，具有社会主义核心价值观的价值取向，具有践行社会主义核心价值观的能力，能够准确辨别社会主义核心价值观与西方价值观之间的差异性，能够对隐性、显性的西方价值观侵蚀行为进行判断，并具有强大的价值观定力。共产主义理想信念是指辅导员对中国特色社会主义事业、党的领导等具有坚定的信仰和信念，有为中国特色社会主义事业奋斗的信念和勇气等。

第二是持续发展。持续发展是高校辅导员核心素养的根本属性，持续发展表明高校辅导员具有较强的自我管理、自我学习、自我实现的能力，能够认识自身发展的潜力，具有明确的人生和事业发展目标，能够在学生工作上干出一番事业。持续发展具体包括认识自我、持续学习、身心健康等。认识自我就是高校辅导员能够根据学生工作特点、自身特点，对自己的长处、短处有全面认识，能够认识到自己在未来的发展过程中哪些地方需要进一步增强，哪些地方需要进一步修正等。持续学习就是高校辅导员在自我认知的基础上，不断学习新知识、锻炼新能力、适应新环境。学生工作面对的群体是动态变化的，党和国家的育人育才目标也是根据社会发展需要变化的，这些都要求辅导员要根据教育对象、教育要求、外部环境等不断学习新知识和新能力。身心健康要求高校辅导员妥善处理好工作与家庭、工作与生活、工作与事业的关系，能够以健康的心态、昂扬的斗志和进取的精神投身到学生工作中去。

第三是社会责任。社会责任是高校辅导员核心素养的具体体现，社会责任表明辅导员能够把对学生工作的责任担当与社会需要、国家需要结合起来，在工作中实践这种担当精神。社会责任具体包括两个方面的内容：首先，高校辅导员的责任担当。即高校辅导员能够正确处理个人与社会、个人与国家之间的关系，主动承担起为党育人、为国育才的时代使命。其次，高校辅导员的实践创新。即高校辅导员不仅具有责任担当精神，还能够把这种精神与工作结合起来，在工作中不怕艰难，具有战胜困难的勇气和毅力，根据学生工作需要，开展各种各样的工作实践活动，提高学生工作质量。

高校辅导员核心素养内涵的三个方面内容，体现出了核心素养具有鲜明的特征。

一是独特性与普遍性的统一。独特性是指核心素养是高校辅导员区别于一般素养、区别于高校其他教师的独特气质和特性。工匠精神是先进模范身上所具有的，而一般工人不具备的独特的能力和精神气质，也可以称为先进模范身上的核心竞争力、核心素养。因此，对于高校辅导员来说，核心素养是他们身上的“独特”存在的能力、素质、气质、特性等的综合呈现。木有根、水有源，核心素养也并非凭空得来，而是在辅导员一般素养的基础上发展起来的。也就是说，核心素养既是高校辅导员身上的独特存在，也是其一般素养的组成部分，是一般素养当中的精华部分，兼具独特性与普遍性，是两者的统一。这也启示我们，在核心素养的培养过程中，要善于把辅导员的一般素养上升到核心素养，善于推动高校辅导员素养从量变到质变的转化。

二是个体性与社会性的统一。核心素养具有个体性的特征，就是说，核心素养虽然是高校辅导员比较稳定的、独特的、优秀的意志品质和工作能力，但是，每位辅导员身上所体现出的核心素养是有差异的。因而，核心素养体现在高校辅导员身上，首先具备个体性，也就是说，每位高校辅导员的核心素养所体现出来的特点是不一样的。那是不是高校辅导员核心素养很难做到具有一定的统一性，也难以量化和研究呢？其实也不是，因为核心素养还有另一个属性，就是社会性。社会性是高校辅导员依据自身特点，结合社会需要而形成的独特的素养和能力，个体性是核心素养的原动力，社会性则是核心素养的综合体现。在现实中，高校辅导员只有把自身的特点和社会需要结合起来，才能形成核心素养。

三是现实性与理想性的统一。现实性是核心素养在高校辅导员身上体现出的一种现实力量，这种力量是辅导员在日常学生工作中体现出来的。辅导员对大学生进行思想的引领、学业的引导、人生的指导等，尤其是围绕立德树人根本任务，辅导员所做的一系列工作，都体现了其核心素养在推动现实问题解决上所展现出来的力量。然而，高校辅导员核心素养并不是一成不变的，一方面，国家对高校辅导员的要求会随着时代的变化而变化；另一方面，辅导员自身的“需要”也会不断发生变化。因此，核心素养又有超越高校辅导员现实能力的一面，要求辅导员不断提升自身各方面能力，实现核心素养的进一步发展。也就是说，在工作中，既要认识到高校辅导员核心素养的现实情况，发挥其现实力量为学生工作服务，又要认识到其具有超越性的一面，给辅导员核心素养以更高的要求，促使其不断发展提升。

2. 核心素养的定位

核心素养是高校辅导员身上所具备的关键要素，这些要素的形成是内外条件结合的产物。从内部条件来看，高校辅导员要从情感上认同学生工作，愿意把学生工作作为自己的事业去做，具有做学生工作的意志和能力；从外部条件来看，高校辅导员能够得到社会各方面的支持，能够获得外部的认可等。因此，对高校辅导员核心素养的认识，不仅要科学界定其概念，还要从多个层面讨论其定位，使高校辅导员核心素养的内涵更加丰富。

核心素养的政治定位是建立在党和国家对辅导员职业的要求上的。党和国家对高校辅导员的要求是，辅导员要根据党的路线方针政策、教育方针和高校的工作要求，对学生进行具有鲜明政治属性的思想引导工作，帮助学生树立科学的世界观、人生观和价值观，既促进学生学习任务的顺利完成，也使其政治素养和道德修养得到有效提高，实现高校为社会主义培养人才的目标。

据此，高校辅导员队伍核心素养的政治定位应该有三个方面的基本内容。

一是高校辅导员要发挥思想引领功能。高校要培养的是德、智、体、美、劳全面发展的社会主义建设者和接班人，既要掌握专业知识和技能，更要具备较高的道德品质。如何使学生有长足的进步，辅导员肩负着首要职责。马克思主义信仰的确立与其他知识体系的掌握和获得不同，马克思主义既是知识体系，也是信仰体系。因此，真正掌握马克思主义，既要认真学习其理论和知识，也要有坚定不移的信念和信仰支撑。而后者很难从课堂上获得，社会实践活动、榜样和楷模的引领、身边人的言传身教，对信念和信仰的确立具有十分重要的作用，高校辅导员恰恰能够在这方面发挥重要作用。

二是高校辅导员要发挥价值引导功能。价值观是人们认识和评价事物的基本尺度，主导着人们在社会中的行为。大学生是未来社会建设中的重要人才和群体，他们具有什么样的价值观将相当大程度上塑造着未来社会。

辅导员在大学生正确价值观形成中起着很重要的作用。这是因为，一方面大学生阶段是价值观形成的重要阶段，把握住这一阶段具有决定性意义；另一方面，从价值观的确立来看，是在长期的社会生活实践中养成的，课堂学习仅是其中的一个部分。大学生在课堂之外的校园生活中，辅导员是距离他们最近的老师和朋友，是大学生课外生活的重要指导者。因此，辅导员自身正确价值观的确立就成为不可或缺的前提条件，也必然进入核心素养的范畴。

三是高校辅导员要发挥政策宣传功能。高校教育的一个重要内容是帮助大学生认真学习、贯彻党和国家的路线方针政策。辅导员是大学生工作的“主要责任人”，自然要承担向大学生宣传党和国家路线方针政策的使命，这是其工作属性和职责不可或缺的内容。

大学生对党和国家的路线方针政策的认识贯穿于整个学习生活过程中。课堂之外是一个很大的学习空间，大学生在其中会接触到比课堂上更多的问题，涉及更多的党和国家的路线方针政策，要把小课堂与社会大课堂结合起来，引导学生在社会实践中认识国情、增长才干。辅导员是融入大学生课外学习空间的朋友和老师，可以及时地与大学生进行想法、观点交流。辅导员要发挥好这一功能，前提条件就是自己要学习和贯彻好党和国家的路线方针政策。因此，辅导员需要关注现实政治，关注时事政治，关注天下大事，把马克思主义的基本理论，同认识、解读党和国家的路线方针政策结合起来。

从整个社会来看，辅导员是中国高校系统教师队伍的有机组成部分，体现了中国高等教育的特色。这样一种社会职业，不仅承担着相应的教育职能、政治职能，也承担相应的社会职能。辅导员工作职责的每一个方面都有其不可忽略的社会意义。辅导员作为一种社会职业，应该具备独特的核心素养。辅导员如果缺乏对自己职业的高度责任感是不可能做好这一工作的，即需要对自己从事职业的敬重和热爱，具体来说就是要有敬业精神。

敬业精神是高校辅导员核心素养的关键内容，是辅导员基于对从事职业的热爱乃至深刻认识而产生的一种全身心投入、追求高质量工作的精神。敬业精神的首要因素是爱岗。没有对本职工作的热爱，就不可能有全身心的投入。只有热爱自己的本职工作，才会始终保持强烈的责任感，才会自觉地把工作当作事业来干；热爱自己的工作，才能够在工作中找到自身的价值，在工作中享有自尊和快乐；热爱自己的工作，才能够激发自己的潜能，不断提升自己的工作能力，创造优秀的工作业绩。

爱岗敬业是高校辅导员核心素养社会属性的重要组成部分。高校辅导员的实际工作时间大大超过 8 个小时的工作日规定时间，平均每个工作日工作时间高达 11.6 个小时。从职业选择的动机来看，辅导员的职业选择动机总体上具有较高的社会水平，呈现出明显的“非功利性”倾向。其中，工作环境、工作匹配度是辅导员职业选择时的主要考虑因素，而“社会地位、福利待遇在职业动机重要性排序中处于最后两位”①。这实际上说明，如果没有较好的社会责任感，没有对这一职业的热爱，是很难做出这样的选择的。

高校辅导员核心素养的社会属性还体现在奉献上。奉献精神是做好各种本职工作，特别是创造较好的工作业绩的重要条件，对于高校辅导员来说，这尤为重要。由于这一特殊职业的工作范围、工作时间、工作标准等很难有一个准确的界定，如果缺乏对职业自觉的投入，就不可能真正做好这一工作。

高校辅导员核心素养的社会属性还体现在对工作的精益求精上。做好一项工作，精益求精的精神是强大的武器，对高校辅导员来说尤其如此。从对职业素质的要求来看，高校辅导员的鲜明特点是其知识素养的宽口径，涉及多学科、多方面的知识和技能，既不可能“一招鲜，吃遍天”，也不可能一劳永逸地解决职业的知识和技能问题。精益求精的精神在辅导员的职业生涯中发挥着重要作用，直接决定其工作质量和水平。

辅导员作为个人成长的一种平台和职业，必然要能够满足个人发展的需求和期盼。作为社会人，个体的成长也是同社会发展紧紧联系在一起的，也是不断地突破自身的不成熟、不完善状态，不断走向更加全面、更加自由的状态。马斯洛需求层次理论就典型地展现了社会人不断为满足自己新需求而努力的发展进程。因而，“我们首先应当确定一切人类生存的第一个前提，也就是一切历史的第一个前提，……即生产物质生活本身”②。

高校辅导员核心素养的个体属性，首先体现为其对辅导员职业孜孜不倦的追求，认同辅导员职业具有独特的价值。与其他的职业比较起来，辅导员职业对物质需求方面的满足并不具有优势，对具有胜任高校辅导员岗位能力的人来说，在社会上寻求到一个物质生活待遇更好的职业和岗位并不是一件难事。因此，对辅导员来说，抵御优越的物质生活的诱惑，追求更加宝贵的社会价值，为社会培养优秀人才而奉献自己的青春和人生，成为选择和坚守这一职业岗位的精神支柱。离开了这一精神支柱，很难成为一个安心、成功的高校辅导员。高校辅导员核心素养的个体属性还体现为其具有强大的心理承受能力和健康的心理素质。高校辅导员面临较大精神压力，容易产生心理问题，这是同其工作特点联系在一起的。辅导员工作需要应对诸多复杂的问题和压力，又要始终以积极、正面的心态，去面对、处理思想和心理问题，不断甚至是高强度地输出自己的正能量，很容易导致自身的心理疲劳。同时，辅导员工作实际上是大量烦琐事务性工作的结合体，长期从事这样的工作，会使人对工作生活的热情和兴趣降低，很容易产生心理焦虑。作为高校教师队伍的一员，辅导员工作的时间投入往往大于其他专业教师，但没有得到相应的回报，这也促使一部分辅导员产生心理焦虑。这些不健康的心理状态和心理问题成为辅导员工作正常开展的

---

① 敬业的高校辅导员，如何更专业［N］．光明日报，2015-7-23（15）．

② 马克思恩格斯选集·第1卷［M］．北京：人民出版社，2012.

绊脚石，直接影响学生工作的深入进行。因此，良好的心理健康状态是核心素养的重要组成部分，在高校辅导员核心素养培育过程中应予以重视。

（二）辅导员核心素养的内部结构

大数据时代对高校辅导员的核心素养提出了更高的要求，其中最新颖的为数字素养。基于职业特性中的政治性、双重性、成长性，高校辅导员数字素养的培育对于中国式教育现代化目标的推进具有关键性与必然性意义。大数据背景下应重视辅导员数字素养的培养，推动大数据背景下教育创新发展。

1. 数字素养：大数据背景下的核心素养

2022 年 11 月 30 日，教育部颁布了《教师数字素养》行业标准，对教师数字素养进行了明确的界定，即“教师适当利用数字技术获取、加工、使用、管理和评价数字信息和资源，发现、分析和解决教育教学问题，优化、创新和变革教育教学活动而具有的意识、能力和责任”，同时制定了教师数字素养框架，规定了数字化意识、数字技术知识与技能、大数据应用、数字社会责任、专业发展等五个维度的要求。① 高校辅导员是中国高校教师队伍和管理队伍的重要组成部分，是贯彻落实立德树人根本任务、推进大学生教育工作的骨干力量。随着辅导员队伍的不断壮大和职业化、专业化的持续发展，在教育现代化进程中，高校辅导员的数字素养从何而来？在“双重身份”的职业定位下，高校辅导员的数字素养为何必需？在数字中国建设整体布局中，高校辅导员的数字素养的培育何以可能？都是亟须回答的时代命题。高校辅导员工作归属于教育，既是高等教育工作的一部分，也是中国共产党实现伟大历史使命、培养德智体美劳全面发展的社会主义建设者和接班人的重要环节，与生俱来的政治属性是辅导员职业定位和要求中的特殊本质。当前，由大数据时代带来的产业革命正在深刻影响社会文化和高等教育，人工智能、元宇宙、Chat GPT 等数字技术飞速发展，在重塑教育和生活模式并带来积极变化的同时，也给教育提出了新的要求和挑战。例如，元宇宙发展的最终目的是改变现实世界，创造一个去中心化的“平行宇宙”，然而其责任主体的确定和数据安全的保障目前都是空白。大数据浪潮已席卷全球，数字中国建设正加速推进，这是高校辅导员所处的时代定位和基本场域。作为高校教育骨干力量，辅导员必须充分了解数字技术的现实状况，准确把握高校学生的思想动态，深刻分析数字技术发展中隐含的意识形态和技术应用安全性问题，才能引导学生突破数据时代的“信息茧房”，用马克思主义、辩证唯物主义和历史唯物主义的科学理论来直面现实、辨别是非，用社会主义核心价值观来引领数字世界、虚拟空间的道德构建、价值导向和秩序规范。

高校辅导员既是高校教师，又不只是教师。2006 年 7 月，教育部明确规定：“辅导员

① 中华人民共和国教育部．教育部关于发布《教师数字素养》教育行业标准的通知［EB/OL］．（2022-12-02）［2023-11-27］．http：//www.moe.gov.cn/srcsite/A16/s3342/202302/t20230214_ 1044634.html.

是高等学校教师队伍和管理队伍的重要组成部分，具有教师和干部的双重身份。”① 高校辅导员身份的双重性对其数字素养提出了更高和更全的要求，其与高校专任教师相比具有更强的拓展性。对照《教师数字素养》的内容框架，在“数字化意识”维度，辅导员除了对数字技术在教育教学中可能产生的新问题有系统认知以外，还应就数字技术对高校教育工作全过程、全方位带来的机遇与挑战有充分的准备和攻坚克难的决心；在“数字技术知识与技能”维度，辅导员除了能将数字技术应用于日常教学活动以外，还应具备将数字技术应用于教育各环节、应用于学生社会实践和创新创业等综合素质与能力培养的相关活动；在“大数据应用”维度，辅导员的关注重心不在于教学设计、教学实施、学业评价等环节，而在于“数字化协同育人”，即充分运用数字技术资源开展德、智、体、美、劳“五育并举”工作和心理健康教育，合理应用大数据手段和途径丰富协同育人的资源和路径；在“数字社会责任”维度，由于辅导员具有管理者属性，因此，在学生和学校数字安全的保护中承担着尤为关键和重要的责任，其责任要求应高于其他普通专任教师。由于兼具管理干部身份，高校辅导员除了应具备普通教师的数字素养以外，还应从高校管理者、教育引领者角度具备相应的数字治理意识和能力。数字技术的发展为提升高校教育的精准性、有效性、前瞻性提供了可能。例如，运用大数据挖掘技术，为学生事务工作提供数据支持和分析，提高资助育人、就业保障等的精准度；运用元宇宙拓展教育的场域边界，引导学生实现互动式、开放式的价值观探索；运用大数据和人工智能的政策智能分析技术开展决策模拟和政策推演，为日常防范和妥善处置群体性危机事件、突发舆情问题提供动态指数模型和优化路径。高校辅导员学习掌握此类数字技术并科学合理地加以运用，将推动教育工作的个性化发展、智能化实施、科学化预判，以更为敏捷的反应和精准的分析来应对不断变化的社会需求，为学校、社会、家庭的多主体协同育人提供支撑，推动教育和人才培养工作的数字化革新。

高校辅导员和学生之间的关系并非单一的师生关系。在理论课等课堂教育之外，辅导员还是学生思想的指导者、成长的引路人、一路相伴的知心朋友，辅导员和学生作为双重主体相互影响、相互作用，两者之间存在亦师亦友的关系。与高校普通教师相比，高校辅导员陪伴学生时间更久，对其价值观塑造影响更深，对其成长指导涉猎面更广。面对大数据变革带来的机遇与挑战，分析学习欧美国家领先多年的数字素养研究探索和培育实践，加快提升大学生的数字素养，既是全面提高人才培养质量的要求，也是实现中华民族伟大复兴的必然要求。数字素养和胜任力培养的主体，既包括受教育者，也包括教育者。作为高校教师群体中和学生成长关系最为紧密的辅导员，其数字素养的提升既是时代发展和教育改革的必然要求，也是提升高校教育工作实效性、增强大学生在大数据时代的适应能力、促进大学生全面可持续发展、推动辅导员与学生关系协调发展的需要。从数字素养的

① 中华人民共和国中央人民政府．普通高等学校辅导员队伍建设规定［EB/OL］．（2006-07-23）［2023-08-03］．http：//www. gov. cn/gongbao/content/2007/content_ 705523. htm.

理论发展和实践应用来看，这是一个动态更新的观念，其内涵和外延随着数字技术的飞速发展不断衍生和拓展，大数据思维、大数据知识与技能的学习必然是终身学习的过程。高校辅导员数字素养的培育和提升具有长期性、持续性、终身性特点。一方面要求辅导员树立终身学习的理念，充分运用大数据资源和平台，通过自主化、互动式学习不断开拓创新，结合我国国情和发展目标合理运用数字技术，增强培养时代新人的能力；另一方面要求政府部门、各高校、行业组织建立健全辅导员数字素养培育和培训体制，落实机制保障、评价体系、成长路径、伦理规范等问题，确保高校辅导员不仅有正确的政治思想，明确“培养什么人、怎样培养人、为谁培养人”这个教育的根本问题，还应具备与时俱进的业务能力，明确培养人的方法，做到“因事而化、因时而进、因势而新”，积极落实国家教育方针。

2. 政治素养：核心素养的决定性要素

高校辅导员的政治素养是其对中国共产党领导下的人民民主专政的社会主义制度、社会主义核心价值观等政治要素的认同程度。政治素养是高校辅导员在学生工作中确保正确的政治方向、价值方向的决定性要素。在现实中，辅导员的政治素养主要包括理想信念和政治立场。

理想信念是人们意识中相对稳定的精神追求，理想是“同奋斗目标相联系的有实现可能性的想象”，信念则是人们为了实现这种可能性的想象所具有的持之以恒的毅力和勇气。对于理想信念的作用，具体到辅导员身上，理想是辅导员对于学生工作的目标、设想，信念则是辅导员为了实现学生工作的目标和设想而进行的持续不断的努力。对于辅导员来说，如果没有理想信念，则很难把学生工作做好。没有理想，意味着辅导员对学生工作是没有目标的，工作只能随波逐流，很难达成培养社会栋梁之材的目标。如果仅有理想而没有信念，辅导员再好的工作目标、工作设想，都不可能实现，因为其没有奋斗的勇气和毅力，不可能实现目标。因此，对于高校辅导员来说，核心素养的构成中，必须兼具理想和信念两种精神基因，只有这样，辅导员才能树立远大目标，并有为目标奋斗的毅力和勇气，能为社会培养更多、更优秀的人才。

3. 能力素养：核心素养的驱动性要素

能力素养是高校辅导员在学生工作中，能够运用所学知识解决学生心理问题、思想问题、学业问题等诸多问题的能力；也表现为辅导员能够针对不同群体、不同个性的学生有针对性地开展教育工作，引导大学生热爱祖国、树立远大理想信念、坚持社会主义核心价值观的能力；还表现为辅导员能够运用所学知识，对学生工作实践进行提炼总结，开展科学研究，探寻学生工作中蕴含的内在规律的能力。能力素养是核心素养的驱动性要素，能够驱使辅导员不断提升工作效能，不断改进工作方法，为党和国家培养更多、更优秀的人才。能力素养主要包括解决问题的能力和开展科学研究的能力。

解决问题的能力是辅导员能力素养的核心组成部分。学生工作作为一项实践性强的工作，要求辅导员必须具备解决问题的能力。在学生工作过程中，辅导员要面对大学生群体的日常事务性工作，比如，奖学金评定、宿舍管理、班级管理、党团工作等，这些工作琐碎耗时，消耗了辅导员大量的时间。辅导员要站在国家、社会需要的高度，有计划、有目的、有策略地策划若干活动、若干工作，为大学生的发展搭建平台，提供发展空间。此外，辅导员还要完成所在院系交办的其他各种工作任务。正如这句话所形容的，“辅导员工作就是千条线，一根针”，千头万绪的工作都需要辅导员来协调和完成，这需要辅导员具有较强的协调能力。总之，辅导员工作是琐碎性、事务性、战略性交织在一起的工作，若辅导员不具备较强的协调能力、解决问题的能力，很难胜任工作，也很难形成核心素养，提升工作的效能。

开展科学研究的能力是辅导员能力素养的又一重要组成部分。辅导员既要有能力做好日常工作，把各项工作落实、落细、落小，又要能够跳出工作实践，从理论高度去看待学生工作，只有这样，才能进一步做好学生工作，辅导员也才能形成核心素养。拿破仑曾说过，“不想当将军的士兵不是好士兵，但是当不好士兵的士兵绝对当不好将军。”这句话实际上和中国古诗的“不识庐山真面目，只缘身在此山中”有异曲同工之妙。意指无论从事什么工作、看待什么问题，都要具体问题具体分析，又要有战略眼光，善于跳出问题，站在更高的角度看待问题。对于辅导员而言亦是如此，辅导员既要具有解决问题的能力，善于解决学生工作中遇到的各种实际问题，又要具有总结提炼的能力，能够对工作实践进行分析、综合、提炼，探寻学生工作中存在的规律性的东西，为科学、高效开展学生工作奠定基础。

4. 知识素养：核心素养的转化性要素

知识素养是高校辅导员所具备的理论知识、专业知识的总称。高校辅导员必须具备的理论知识包括马克思主义及其中国化理论成果、教育理论等，这些知识是辅导员开展工作的基础。辅导员只有具备了理论知识和专业知识，且这些知识在辅导员身上以合理的结构存在，才能够发挥这些知识的作用，把学生工作做好。可以说，知识素养是辅导员开展工作的基础素养，也是辅导员核心素养的潜力所在，辅导员要善于学习新知识，并对自身的知识进行转化，把知识转化为能力，推动学生工作的开展。

理论知识是辅导员知识素养的基础。高校辅导员具备理论知识，并不是说辅导员要对理论全部学习、全部掌握，而是说辅导员要掌握这些科学理论中所蕴含的科学世界观和方法论、掌握这些科学理论中与学生工作密切相关的理论。首先，辅导员要掌握马克思主义理论中的科学世界观和方法论。马克思主义物质决定意识，人具有主观能动性等。辅导员要掌握这些内容，并能加以运用。比如，在培养学生时，要根据学生所处的社会历史阶段，依据一定的社会条件、社会发展目标制定合理的培养目标。若抛开社会现实制定学生培养目标，则没有坚持马克思主义唯物史观，陷入了唯心主义的牢笼。此外，人的发展理论、生产力与生产关系理论等都是与学生工作密切关联的理论，辅导员要对这些理论的内涵、内容、内在逻辑等有全面把握，并能够使用这些理论分析遇到的工作问题。

专业知识是辅导员知识素养的支撑。辅导员要具备教育知识、管理学知识、心理学知识、法律知识等专业知识，只有这样，辅导员才能在日常工作中妥善处理遇到的各种现实问题。辅导员对上述知识的把握，一是要善于对上述知识进行内化综合。要把各学科知识综合起来，既有侧重点，比如，辅导员可以善于心理辅导，又有知识面，能掌握各种专业知识的基本理论和逻辑，从而使自身形成合理的知识结构。二是要善于对上述知识进行外化行动。能够在工作中综合运用上述知识，遇到学生问题时，运用所学知识对学生的问题进行预判，是心理的原因还是学习的因素？或是家庭的因素？也有可能是综合因素？通过预判和筛查，找出学生出现问题的关键因素，并破解之。只有这样，才能体现知识素养的价值。

（三）核心素养的运行方式

高校辅导员核心素养研究的落脚点是让核心素养运行起来，在学生工作实践中体现核心素养各要素的价值。政治素养、能力素养、知识素养是构成核心素养的决定性要素、驱动性要素和转化性要素，这些素养在每位辅导员身上的分布和内在结构并不相同。根据辅导员身上核心素养侧重点的不同，有以下核心素养的运行方式。

1. 价值驱动核心素养运行

价值是核心素养运行的主要驱动力。因为理想信念、价值观、政治立场等价值元素在人们身上是最稳定、最持久的观念意识，一个人一旦形成正确的价值观、具有崇高的理想信念、具有坚定的政治立场，那么，他就会朝着正确的方向努力奋斗，会通过坚韧不拔的毅力、不屈不挠的精神、努力奋斗的态度去实现自己所坚持的价值。对于高校辅导员来说，核心素养当中的理想信念、政治立场、价值观是最核心的部分，也是驱动核心素养运行的主要动力。核心素养的价值驱动侧重于从辅导员的理想信念、价值观、政治立场等要素出发，探讨这些要素对核心素养运行的推动作用。坚定的理想信念、正确的价值观、鲜明的政治立场，能使辅导员在工作中具有明确的工作方向，克服工作中遇到的各种难题，完成党和国家交给辅导员的工作任务，体现辅导员的价值。

2. 能力驱动核心素养运行

能力是辅导员顺利完成各项工作，实现工作既定目标的主要因素，也是辅导员核心素养运行的驱动力之一。对辅导员来说，价值驱动是精神层面的力量，能够让辅导员核心素养运行在正确的轨道上；能力驱动则是实践层面的力量，能够让辅导员妥善处理现实工作中遇到的问题。在现实中，能力驱动核心素养的运行主要表现为三种形态。

一是提出问题的能力驱动核心素养运行。提出问题是辅导员开展学生工作实践的前提和基础，对于辅导员来说，处理事务性工作、完成上级交办的各种任务、对大学生进行教育、组织学生开展社会实践等，是学生工作实践的基本流程。在这些工作中，辅导员要能够发现工作开展过程中遇到的各种问题，并根据问题的性质直接解决或者提交上级部门解决。比如，班级的学生经常带食物到课堂，干扰教师的正常授课，辅导员发现这个问题，要求班级学生不能带食物到课堂，学生说其他班级没有这条规定。辅导员发现的问题是一个普遍性问题，要从学校层面解决，在这种情况下，要把问题提交给学校相关部门，由学校统一颁布管理要求。可见，提出问题的能力是辅导员核心素养运行的重要驱动因素之一。

二是分析问题的能力驱动核心素养运行。分析问题是辅导员能力的重要组成部分，辅导员在学生工作实践中，要善于分析遇到的问题，把问题分类，找出问题存在的原因，这样才能有效解决问题。比如，学生学习成绩不好这一常见的问题，辅导员要具体问题具体分析，有的学生是因为对这门课不感兴趣，所以成绩不好；有的学生是因为打游戏，所以成绩不好；有的学生是因为感情不顺利，造成成绩不好；还有的学生是因为不喜欢授课老师，造成成绩不好。当然，还有其他原因造成学生成绩不好。作为辅导员，要能够对问题进行深入剖析，找出问题背后隐藏的深层次原因，只有这样，才能体现辅导员较高的工作能力。

三是解决问题的能力驱动核心素养运行。解决问题是辅导员工作的基本目标，无论从事什么样的工作岗位，都要把解决问题作为岗位的基本职能，不解决问题，岗位就没有存在的必要性。对于辅导员来说，解决问题的能力与提出问题的能力、分析问题的能力密切相关，辅导员要同时具备上述三种能力，才能在学生工作实践中，善于发现问题，对问题进行深入分析，找出问题存在的原因，根据问题的性质有针对性地予以解决。

3. 知识驱动核心素养运行

知识是辅导员核心素养的基础。辅导员核心素养的形成，必须以丰富的理论知识和专业知识为基础，否则核心素养是不能形成的。因此，在核心素养运行过程中，知识起到基础性的推动作用。

知识驱动核心素养运行，首先表现为知识对核心素养发挥作用的基础性作用。“科学技术是第一生产力。”在这里，科学技术实际上就是一种知识。社会发展到人工智能时代，知识的潜能正在不断被开发和使用。人工智能技术可以通过自动搜索、自动抓取功能，把人们需要的知识从网络空间抓取下来，并进一步综合分析，得出一定的结论。对于辅导员来说，知识驱动核心素养运行，在网络教育方面，可以运用所掌握的大数据知识，对大学生在网络空间的“痕迹”进行抓取，获取其网络空间信息，再结合现实生活情况，全面把握大学生的个性特点、兴趣爱好、思想动态等，然后，辅导员可以运用所具备的知识进行线上和线下的教育活动。在这一过程中，由于辅导员运用了自身的大数据知识、教育理论知识等，是在知识驱动下开展学生工作的，知识在辅导员核心素养的运行过程中起到基础性作用。

知识驱动核心素养运行还表现为在核心素养运行中产生新的知识。实际上，在现代管理学当中，知识管理或者知识驱动下的管理是管理学的主要内容之一。著名管理学大师彼得·德鲁克十分推崇这种知识管理，他认为，在公司运行过程中，要着重对知识型员工进行管理，这些员工在工作过程中能够创造出知识，为企业带来巨大的财富。在技术行业，知识型员工可能带来技术的革新；在服务行业，知识型员工能够实现服务模式变革，带来更大的效益等。对于辅导员而言，核心素养中的知识素养，一部分是已经开发出来的，能够直接提升学生工作效能的；一部分是潜在的，需要进一步开发。这就要求在对辅导员的管理过程中，善于激发辅导员的内在潜力，使辅导员在工作中把自身所具有的知识潜能全部发挥出来，提高学生工作的质量和水平。在辅导员运用自身知识进行学生工作实践时会创造出许多新的知识，这些知识能够进一步促进学生工作的开展。

价值驱动、能力驱动、知识驱动都是根据辅导员核心素养的构成情况而发生的。一般来说，辅导员具备的政治素养、能力素养、知识素养是不均衡的，有的辅导员政治素养占据核心素养的主导位置，那么他就会在价值的驱动下开展学生工作；有的辅导员能力素养占据核心素养的主导位置，那么他会在能力的驱动下开展学生工作；有的辅导员知识素养占据核心素养的主导位置，那么他会在知识的驱动下开展学生工作。然而，对于辅导员的发展而言，要求三种素养在某种程度上达成一种均衡，或者是三种素养能够按照科学规律，在辅导员身上占据的比例达成某种动态平衡，只有这样，辅导员才能加快职业化进程，不断提高学生工作水平，实现自身与学生的共同发展。

二、辅导员核心素养的形成条件和发展过程

核心素养的真正形成需要一定的内外条件。在内外条件的支持下，核心素养的形成需要经历职业认同—需要产生—教育引导—内化提升—素养形成等五个阶段才能真正形成。核心素养形成条件和过程的考察，能够进一步深化高校辅导员核心素养的理论内涵。

（一）核心素养的形成条件

条件是一定的事物之所以存在，并进一步发展的影响因素。具体到高校辅导员核心素养形成过程中的条件，主要有两种条件影响核心素养的形成：一是内在条件，即高校辅导员自身因素，如高校辅导员的知识、能力、道德品质、政治素质等；二是外在条件，即高校辅导员核心素养形成的社会支持因素，如相关的政策条件、配套的教育培训条件等。内外条件共同起作用，推动着高校辅导员朝着职业化、专业化、专家化的方向发展，使其形成了较为完善的核心素养。

1. 核心素养形成的内在条件

核心素养形成的内在条件是指在核心素养形成过程中，高校辅导员所必须具备的各项内在素质。

（1）知识条件。知识在人类历史进程中具有不可替代的作用，是千百年来人类在改造自然、改造自我的过程中形成的，是人类集体智慧的结晶。“每一时代的理论思维，包括我们时代的理论思维，都是一种历史产物，在不同的时代具有非常不同的形式，并因而具有非常不同的内容。”① 在这里，恩格斯所说的“理论思维”显然是指知识，恩格斯从历史维度考察“理论思维”，给我们以重要启示。知识在社会中具有重要的价值，“知识是

① 马克思恩格斯文集·第9卷［M］. 北京：人民出版社，2009.

今天唯一意义深远的资源。传统的生产要素——土地（即自然资源）、劳动和资本没有消失，但是它们已经变成第二位的”①。上述关于知识的观点、思路为分析高校辅导员核心素养形成所需要的知识条件提供了思路。在当今社会，掌握一定的知识，并熟练运用知识是一个人立足于社会的基本条件。核心素养的形成需要高校辅导员掌握一些必备的知识，且这些知识不是简单存在于高校辅导员身上，而是要形成一定的知识结构，才能促使其核心素养形成。

高校辅导员身上所具备的知识条件需要形成合理的知识结构，具体来说，包括三个方面：一是知识面广。知识面广是指高校辅导员需要广泛涉猎相关知识，包括社会科学领域和自然科学领域、工程技术领域的知识等，不要求辅导员对这些知识有深入的把握，但需要辅导员对上述知识有一定程度的了解。二是知识结构完善。文理科知识要平衡存在于高校辅导员身上，高校辅导员既要有文科相关知识，如历史知识、政治知识等，也要有理工科相关知识，如物理知识、化学知识等。同时，高校辅导员能对文理科知识进行融合，把相关知识的思维、逻辑结合起来。即高校辅导员身上要具备较为完善的道德知识，还要具有较为完备的科学知识，能够把两者结合起来。三是知识重点突出。这在高校辅导员核心素养形成中至关重要，只有高校辅导员具有某一方面或者几方面突出的知识构成，才能够形成某些突出的职业能力、职业素养，才能形成核心素养。

（2）思想条件。思想是客观事物经过人们意识的思维活动后的产物，是存在于人的意识中的一种较为稳定的观念体系。思想条件是高校辅导员核心素养形成的主要条件，是核心素养形成过程中所必备的思想素养。

价值观是高校辅导员核心素养形成的根本要素。高校辅导员要把社会主义核心价值观“内化于心、外化于行”，不仅要把社会主义核心价值观中个体层面的价值观念作为自身的价值取向、价值观念，还要把国家层面、社会层面的价值观念作为自身的价值追求。对于高校辅导员来讲，如果没有社会主义核心价值观作为基础，其工作的价值、努力方向和精神支柱将会偏离正确轨道或者不复存在。因此，高校辅导员要把社会主义核心价值观作为自身的价值追求、价值取向，进而促进核心素养的形成。意识形态和理想信念是一个问题的两个方面，具体而言，就是要求高校辅导员要追求共产主义理想、坚持社会主义信念。通过个人努力助力国家人才培养目标的实现，实现个人理想与社会理想、国家理想、民族理想的良性互动。

（3）能力条件。能力是一个人在完成一项工作或者任务时所表现出来的综合素质。能力是高校辅导员核心素养形成的关键因素，高校辅导员既要面对纷繁复杂的学生事务性工作，又要承担对大学生进行思想引领、价值引导的功能，还有部分辅导员还承担与本职工作关联不大的院系行政事务等。高校辅导员的工作呈现“多”“杂”“重”的特点，这些特点要求高校辅导员必须具备较高的能力，能够处理复杂问题，能够从繁重的事务性工作

① ［美］彼德·德鲁克．从资本主义到知识社会［M］．樊春良、冷民等，译．珠海：珠海出版社，1998.

中脱离出来，思考大学生成长的理论性问题等。因此，高校辅导员核心素养形成所需要的能力条件包括实践能力和变革能力。

实践能力是指辅导员能够把知识结构与能力结构融合起来，在日常工作中运用自身所具备的能力，在实践中所体现出的自身认识世界、改造世界的能力。高校辅导员的实践能力还体现为其对先进实践方式的掌握。比如，在当前大学生培养中，是否有能力掌握人工智能技术开展教育工作是高校辅导员实践能力的重要衡量指标。变革能力即创新能力，要求高校辅导员在教育工作中能够打破固有的思维模式，改变传统的工作方法，以新思维、新方法、新载体开展教育工作。具体到核心素养的形成过程中，就是要求高校辅导员具有创新思维、创新意识，能够在新思维下开展实践活动，在教育实践活动中逐步培养自身的核心素养。

（4）情感条件。积极正向的情感是高校辅导员核心素养形成的关键因素。只有对所从事的工作、所从事的职业投入感情，从心理上认可，有情感的需要，才会全情投入。“情感是个体与环境间某种关系的维持或者改变的内心体验，是以主体需要为基础，伴随着交往过程和认识过程而产生，并影响着人的交往活动、认识活动甚至意志活动的进行。”①

人们做出的行为和选择，除了客观因素的影响外，个体的情感体验是其中一项重要因素。负面、不好的情感体验会带来消极的行为，正面、好的情感体验则会带来积极的行为。对于高校辅导员而言，若对学生工作的体验是正面的，从中能够获得满足感、幸福感、荣誉感，那么，他的行为就是积极的，愿意为了学生工作投入更多精力和情感。因此，高校辅导员核心素养的形成，需要培养积极的情感体验，不仅要使辅导员在工作过程中获得物质上的收获，还应该让其获得精神上，特别是情感上的收获，这样才能让辅导员对学生工作有感情。此外，还要培养高校辅导员的情感判断能力，只有辅导员拥有了正确的情感判断，才能促进核心素养的形成。这包括两方面的内容：一是情感的公正性问题。在高校辅导员核心素养形成过程中，核心素养的功能固然重要，但是核心素养的方向更加重要，辅导员的核心素养必须符合社会道德规范、符合社会主流价值取向；二是情感的全面性问题。高校辅导员在进行情感判断时，自身必须具备健全的情感体验。只有对某一问题的情感体验是全面的，才能正确判断情感问题。

2. 核心素养形成的外在条件

核心素养形成的外在条件是指影响高校辅导员核心素养形成的外在所有因素的总称。外在条件是高校辅导员核心素养形成的客观条件，是由高校辅导员所处的历史阶段、社会条件、生产力水平等因素决定的。正如马克思所言，“这些个人是……在一定的物质的、不受他们任意支配的界限、前提和条件下活动着的。”② 具体来说，外在条件主要包括教育条件、政策条件、环境条件等。

（1）教育条件。教育条件是高校辅导员核心素养形成的关键条件。“子曰：‘德之不修，

① 张志强主编．积极情感效用论［M］．青岛：中国海洋大学出版社，2013.

② 马克思恩格斯选集·第1卷［M］．北京：人民出版社，2012.

学之不讲，闻义不能徙，不善不能改，是吾忧也。'"这里孔子提出了一个亘古不变的问题，即教育问题。显然，上面论述的核心素养形成的内在条件都需要通过教育这一外在条件解决。对于核心素养的形成而言，教育条件指高校辅导员入职后所接受教育的水平。

高校辅导员核心素养的形成是一个过程，在这一过程中，对辅导员进行教育，提高其各项能力，进而促进其核心素养形成是关键一环。因此，对辅导员进行教育过程中，教育水平的高低至关重要，要通过"三个结合"提高教育水平：一是教育与需求相结合。每位辅导员的个性特点、专业知识、职业追求不尽相同，有的辅导员侧重于心理辅导工作，有的侧重于日常教育工作，有的侧重于就业工作等，这就是辅导员的需求，也是辅导员对自身未来发展方向的规划。对辅导员的教育要结合需求，以满足他们的需求为目标开展教育活动。二是教育与工作相结合。对辅导员的教育既要满足辅导员的个性化需求，又要满足工作的实际需要，对学生工作有所推动、有所改善。具体来说，对辅导员的教育要把辅导员的个性需要与工作需求结合起来，以提升辅导员的工作能力为目标，在提升辅导员实际工作能力的基础上，满足其个性需要。三是教育与国家需要相结合。辅导员工作不同于其他工作，带有很强的意识形态性质，必须满足党和国家的意识形态需要，要根据不同时期的需要对辅导员开展相应的教育培训工作。

此外，对辅导员的教育还要注重方式方法的创新，注重教育培训与辅导员的自我学习相结合，注重在实践中开展教育活动。当然，所经历的基础教育、高等教育阶段的教育水平也很重要，只有接受了系统和良好的教育，辅导员才能具备较为完善的知识体系和较高的工作能力，才能为核心素养的形成奠定基础。

（2）政策条件。政策条件是高校辅导员核心素养形成的主要外在条件之一。辅导员在高校教师队伍中的身份一直比较模糊。从最早期的"政治辅导员"到"学生辅导员"，再到"双肩挑"辅导员，实际上，由于辅导员的职能主要是管理学生，开展教育活动，本身没有学科归属，他们的身份一直介于专业课教师与学校行政人员之间。因此，为保障高校辅导员队伍职业化、专业化发展，进入21世纪以来，国家制定了多项政策文件，推动了辅导员队伍快速发展。

宏观政策条件是指国家对高校辅导员发展所颁发的政策文件。比如《普通高等学校辅导员队伍建设规定》《中共中央 国务院关于进一步全面深化新时代教师队伍建设改革的意见》等，这些政策文件从国家层面对辅导员的发展、辅导员的职业化提供政策支持。中观政策条件是指省市对高校辅导员发展的支持政策文件。政策文件结合地方经济社会发展特点和该地区高等学校的具体需要，对辅导员职业化发展给予了具体的政策支持，是高校辅导员核心素养形成的有效支撑文件。微观政策条件是指辅导员所在高校为支持辅导员职业化发展而制定的相关政策文件等。政策条件对辅导员提出了较高要求，促使辅导员不断提升自我，朝着更高的目标前进，有利于其核心素养的形成。

（3）环境条件。环境对核心素养形成具有重要影响，在不同历史时期，人们都非常重视环境的影响作用。荀子曾言，"蓬生麻中，不扶而直；白沙在涅，与之俱黑。"荀子通过比喻，指出了环境对人的成长成才具有重要的影响。西方著名思想家卢梭也曾说道：“出自造物主之手的东西，都是好的，而一到了人的手里，就全变坏了。”具体到核心素养的形成，环境条件主要指社会环境和校园环境。

社会环境是核心素养形成的宏观影响因素。首先，社会要对高校辅导员职业有正面、积极的评价。若高校辅导员在社会上具有较高的地位，收入、社会声誉处在社会较高的层面，优秀的人才自然会向辅导员岗位聚集，在岗的辅导员也乐意不断提升，把自己的本职工作做好。若高校辅导员在社会上地位较低，收入、社会声誉处在较低的位置上，那么，优秀的人才很难聚集到辅导员队伍当中，在岗的辅导员也会产生失落、逆反情绪，不利于核心素养的形成。其次，是社会舆论对辅导员正面的影响。无论是官方媒体，还是自媒体，都应积极主动报道辅导员群体中的典型事例、感人事迹，在社会上营造良好的氛围，从而有利于辅导员的成长。

校园环境是核心素养形成的微观影响因素。学校在对辅导员定位时，应该给予适当的定位，不能弱化、边缘化、虚化辅导员队伍的存在。实际上，部分高校存在口头重视辅导员工作，实际轻视辅导员工作的现象，有的学校迫于上级部门的要求，不得不制定一些关于辅导员的“优惠政策”，而实际上，这些政策在实施过程中根本没有实现。学校空喊口号，挫伤了辅导员的工作积极性，不利于核心素养的形成。

（二）核心素养的发展过程

就像人的发展是过程性和阶段性的一样，核心素养的形成也是一个动态过程，是在高校辅导员工作实践中逐步形成的。核心素养的形成，首先是辅导员对自身职业的认同，通过入职培训、适应性工作等，对学生工作有较为全面和深入的了解，愿意从事辅导员工作，愿意把学生工作当作自身的事业去奋斗。在这个基础上，辅导员对自身的职业生涯、职业目标、未来期许产生一定的想法，同时，党和国家对辅导员的专业能力、知识结构、思想素养等也有一定的要求，辅导员把自身发展的需求和国家要求结合起来，产生了发展的需要，即辅导员实际能力与期望能力之间的矛盾。要解决这个矛盾需要教育的引导。辅导员在教育培训过程中提升自我，把所学知识、能力、理论与学生工作相结合，产生某一方面或者某几方面的能力，这一过程是辅导员的内化提升过程，通过内化提升最终推动核心素养的形成。

1. 职业认同

认同作为一种心理机制，是人们对自身身份或者职业的归属感的关键心理因素。一个人在社会生活中会对自己进行归类，根据一定的原则把自己置身于某一身份或者组织当中，从而实现对自身的认同。比如，我们常说的：“他是一名教师”，那是对他人社会分类；“我是一名教师”，则是对自身职业的一种分类，这样的分类实际上蕴含着对教师职业的认同。对于高校辅导员来说，职业认同就是对辅导员职业、学生工作的认同，在社会分类中把自己归为学生工作队伍、高等学校教育工作者等。

加强高校辅导员的职业认同，首先要解决好入职招聘问题。入职招聘是辅导员核心素养形成的第一关，也是关键的一关。在招聘过程中，高校要结合学生工作需要制定合理的招聘标准，完善招聘流程，以招聘到合适的人到辅导员工作岗位上。这里有几个考核因素值得注意：一是对辅导员工作的热爱。认同本身是一种心理机制，与人们的情感、情绪、心理体验密切相关。“一见钟情”是人们常常讨论的话题，从心理学上看，“一见钟情”往往是因为对方的某些特质与自身相匹配，或者是某些特征与自己理想样子相符合，才会产生这种心理现象。同样，做辅导员工作，从业者对这一工作具有情感的归属感，会促使他投入更大精力把工作做好。二是标准的合理性。要坚持把合适的人放在合适的岗位上，而不是唯学历、唯论文。个别高校招聘辅导员时，要求博士学位、发表 CSSCI 论文等，这样的招聘固然能够抓人眼球，却未必能招到适合辅导员工作的人。因此，在招聘时，要着重考察应聘对象的政治素质、知识结构以及发展潜力。辅导员必须具备较高的政治素养，能够对中国共产党领导的社会主义制度有清晰全面的把握，还要有合理的知识结构，能够把多学科知识综合起来运用到日常工作中。

加强高校辅导员职业认同，要做好入职培训与适应工作。辅导员从入职到对职业的认同，需要解决三个重要问题：一是身份转换问题，一般是从学生身份向教师身份的转变。二是心理调适问题，从心理上适应辅导员工作岗位带来的各种失落、落差等。比如，名校毕业的研究生入职职业院校，他会产生很大的心理落差。名校的人才培养模式、资源平台、培养目标与职业院校有很大的不同，很容易让新入职的辅导员产生心理落差，不利于职业认同。三是工作适应问题，加强入职培训和适应性工作尤为重要，在入职培训中，应该加强对辅导员进行校本教育，让辅导员了解所在学校的办学历史、办学特色、发展目标、人才培养模式等，让辅导员认识到工作学校与就读学校存在差异的客观性，使其根据学校发展定位对自己进行“分类”，尽快适应新的工作环境、工作岗位，尽快投入到工作中去。此外，还要经过一段适应性工作，让辅导员对学生工作的性质、重要性、规律、特点等有比较全面和深刻的认识。正如《孙子兵法》所言：“知己知彼，百战不殆”，只有认清所处的环境、认清所从事的工作、认清自身的条件，才能为进一步发展提前谋划，不断提高。

2. 需要产生

高校辅导员的个体需要与社会需要，都要经过需要产生—教育引导—满足需要—产生新的需要—新的教育引导—满足新的需要这样不停地循环往复，才能形成核心素养。

需要产生于辅导员的学生工作实践和其他社会实践活动中。人具有社会性、实践性等本质特征，人的实践性决定了人的需要是在一定社会条件、一定实践条件下产生的。从社会条件看，社会提供给个体的教育条件、发展条件、享受条件等，是个体产生需要的物质基础，人们在一定的社会条件下开展实践活动，实践的深度、广度受到社会条件的限制。例如，一个初生的婴儿，若没有家庭教育、学校教育和社会交往活动，他可能会成长为与动物一样的“狼孩”，除了满足生存的需要，他不会产生其他需要。从实践条件看，人的需要是在一定的实践活动中产生的，人们在工作实践中明确了工作范围、工作职责、工作内容，进一步明确了自己的职业发展目标和自身发展需求；人们在生活实践中明白了生活的意义和自己的生活追求。需要在实践中产生，又在实践中得到满足。

具体到高校辅导员需要的产生过程，一般要经历三个阶段。一是需要产生阶段。高校辅导员在学生工作中，对大学生开展教育工作，既有工作的成就感，也有工作的紧迫感。因为大学生群体是动态变化的，大学生的需求也在不断多样化，这些都对辅导员提出了高要求、高标准。例如，“00后”进入大学以来，由于“00后”本身具备较高的信息素养，这一群体对网络信息、网络生活、网络学习具有较高的要求，这就对辅导员的信息素养提出了更高的要求。辅导员必须能够适应“00后”大学生群体的信息诉求，才能对其开展教育工作。这就要求辅导员根据工作实际不断提升自己的工作能力、信息素养等。在这个过程中，辅导员产生了需要，这些需要是辅导员基于工作实践产生的，也是学生工作对辅导员提出的要求，是“双重压力”下产生的需要。二是需要的自省阶段。产生的需要有很多种，有的需要是合理的，有的需要是不合理的，还有的需要是马上可以解决的。各种需要产生出来，并非每一种需要都会对辅导员产生正面促进作用，这就要求辅导员对各种需要进行甄别、分析，合理的、对自身发展有益的需要保留下来，剔除不合理的需要。这一过程即辅导员的自省过程，辅导员依据自身的知识条件、思想条件等内部因素，加上社会需要、国家需要等外部因素，对需要进行去伪存真、去粗取精。三是需要产生的螺旋阶段。需要的产生不是一个直线前进的过程，而是一个螺旋上升的过程。辅导员会根据工作实践调整需要，也会在外界的压力下改变需要，更会因为情绪、家庭、朋友等内外因素的影响而转变。

需要的形成是辅导员的职业化过程。需要产生于辅导员的工作实践，但是，需要并非只产生于辅导员的“学生工作实践”，还有很多因素会影响需要的产生。首先，辅导员要对自己所处的环境、所拥有的条件有清晰的认知。辅导员的需要产生于一定的条件下，在这一条件下，能够给辅导员的发展提供一定的保障。但是，辅导员的发展不能“凭空想象”，也不能“肆意妄为”，否则，就会成为“无根之水”“无源之流”，没有发展的可能性。辅导员要根据实际情况开展实践活动，要根据实际情况制定自身的职业发展方向和目标。其次，辅导员要把个体职业发展需要和社会要求统一起来。作为一项政治性很强的工作，辅导员的政治定位来自国家、社会、政党的要求。同时，辅导员还要有把个体需要和社会需要统一的意识。虽然个人与社会关系最难把握，但在社会主义制度下，国家需要、社会需要在某种程度上是一种“最大公约数”的个体需要，也就是说，个体需要和国家需要具有内在的一致性。对于辅导员来说，就是要主动调整个体需要，把个体需要置于国家需要、社会需要之下，以国家需要为目标，以个体需要为导向，在为国家需要不断奋斗的过程中，不断满足个体需要。

3. 教育引领

核心素养是辅导员身上稳定的、持久的意识和价值观念，仅仅对自己的职业有认同感、产生职业发展需要，只是核心素养形成的初始阶段，还要经过教育培训才能对思想理论、工作能力、政治素质等内容有深入的把握，为形成核心素养奠定基础。因此，在辅导员产生需要后，要根据辅导员的需要、党和国家对辅导员的目标定位，对辅导员开展有针对性的教育培训活动，使辅导员逐步提升思想素质、能力素质、政治素质，通过教育培训提升辅导员的素质能力。教育部对辅导员培训学习的内容作了基本规定，在涉及的“专业素养提升”中，从三个方面进行了说明，即“职业道德素质提升、科学文化素质提升和教育专业素质提升”。除前后两个方面有比较清晰的学科对应外，中间的科学文化素质提升显然包含比较多的学科内容。该文件作了明确规定：“分层分类进行……多学科知识教育，提高辅导员综合素质和能力。”①

在长期实践中，对辅导员进行多层次、多类别的培训，确实取得了明显成效。但是，在这一过程中，也暴露出许多问题，需要在教育培养时加以注意，主要体现在两个方面。

一是涉及的一级学科知识体系，在培训中如何布局和落地的问题。每一个一级学科都有很多的内容，二级学科也具有相当丰富的学科架构。那么，培训究竟要涉及这些学科体系的哪些内容才比较恰当呢？在这一点上，目前的辅导员培训还没有对这些问题进行清晰的界定和明确。

二是尽管辅导员要求的知识体系具有宽口径的特点，但是不是应该有一个权重的排序。因为如此多的知识内容，不可能在短时间内全部完成，也不可能一次性完成，应该有一个循序渐进和逐步完善的过程。要做到这一点，关键就在于要对辅导员所具备的能力和素养进行不同层次的区分，然后才可能按照轻重缓急、权重比例来安排和布局培训。

因此，构建与辅导员核心素养相契合的学科体系，为辅导员队伍建设提供科学的依据，是对宽口径知识和能力素养培育困难的聚焦和破解。高校辅导员并没有直接对口的专业，因此，从事好这一职业完成好其工作任务，培训是十分重要的支撑。为此，教育部规定：“新任辅导员上岗前，要参加不少于40个学时的岗前培训。辅导员在岗期间每年要参加不少于16个学时的在岗培训。”② 这的确应对了从事好这一职业岗位的需求。但由于高校辅导员宽口径知识和能力的特点，这样的培训也存在着如上所述的尴尬和困境。涉及多门一级学科的知识体系，如何确定其中适合的内容？

实际上，辅导员培训不可能就涉及的学科知识体系进行全面学习，那无疑是在培养全科的高校教师。因此，对辅导员的教育培训应该根据辅导员核心素养的具体内容进行聚焦，有针对性地开展。具体来说，就是要解决辅导员的现实问题。

理论问题，即辅导员需要掌握科学的理论，能够运用科学理论开展教育工作。对于辅导员来讲，具备科学理论是核心素养形成的基础。辅导员所需要具备的科学理论包括马克思主义理论、中国化的马克思主义理论等。就当前来说，辅导员需要在掌握马克思主义理论的科学世界观和方法论的基础上，加强对新思想的学习，一是要在理论逻辑上把握新思想的全部内容，要把握新思想的内在逻辑以及其与各理论之间的逻辑关系；二是要在历史逻辑中把握新思想的历史使命，要把新思想的学习与国家发展、民族复兴、人民幸福结合

① 《普通高等学校辅导员培训规划（2013—2017年）》，中共教育部党组印发，2012-05-13.

② 《普通高等学校辅导员培训规划（2013—2017年）》，中共教育部党组印发，2012-05-13.

起来，在中共党史、社会主义发展史、新中国史和改革开放史的“大史野”中把握新思想形成的历史必然性；三是要在实践逻辑中把握新思想的目标指向，把新思想的学习与中国共产党领导人民开展的伟大斗争、伟大工程、伟大事业、伟大梦想结合起来，在社会主义建设实践中把握新思想的思想精髓。

能力问题，即高校辅导员核心素养的形成需要其具备较强的能力，能够处理教育工作中面临的复杂问题。比如，思想问题、学业问题、家庭问题、感情问题交织在一起的学生问题，需要辅导员具备较高的能力素养和工作技巧，把握学生问题的主线和主要矛盾，抽丝剥茧地对问题深入剖析，逐条逐步解决问题。因此，在教育培训时，要结合实际工作、具体事件进行培训分析，让辅导员在工作实践中成长，善于把工作实践中的问题凝练、提升，升华为自身的工作能力和思想素质。

政治问题，即高校辅导员核心素养的形成需要具有正确的意识形态，必须把坚持党的领导、坚持社会主义制度、坚持以人民为中心等作为工作时所坚持的原则，做好高校意识形态工作。因此，对辅导员的教育培训要把意识形态培训作为主要内容之一，让辅导员“真学、真懂、真信、真用”马克思主义中国化的最新理论成果。

4. 内化提升

内化提升是核心素养形成的关键阶段。辅导员把所学、所思、所想与现实相结合，把党和国家需要、社会需要、学生发展需要等外部需要与内部需要糅合起来，在科学理论的指导下，把社会意识（社会需要）转化为个体意识，进而提升个体的思想境界，这就是内化提升的过程。在内化提升过程中，辅导员的认知水平、内在动力占据着重要位置，决定了内化提升的高度。

马克思主义认识论认为，人们的认识是逐渐从低级向高级发展的，人们所处的环境、所接受的教育、自身的性格特点等都会影响认识的发展，一般而言，人们的认识会经历从感性认识到理性认识的发展过程。在实践过程中，人们对于实践对象有了初步的认识，即感性认识。人们能够看到实践对象的形状、嗅到味道、听到声音等。人们的感性认识是一个逐步积累的过程，只有对事物有充分的感性认识，才能上升到理性认识的阶段。具体到高校辅导员核心素养的形成而言，感性认识是辅导员对学生工作的认识、对高等教育的认识、对社会环境的认识、对教育政策文件的认识等，这些认识只是表层的、肤浅的认识，辅导员需要对蕴含在其中的规律性的东西进行总结提炼升华，即从感性认识上升到理性认识的过程。也就是辅导员对学生工作规律、大学生思想变化规律、高等教育规律的认识，这些认识不能从书本上、讲座中直接获取，必须在辅导员对学生工作有深入的了解和广泛实践的基础上，在科学理论的指导下总结提炼而成。只有这样，辅导员才能全面把握、熟练运用这些规律，开展教育工作。

内在动力是辅导员内化提升的又一个重要因素。内在动力是辅导员核心素养形成过程中，自身对个人发展、个人工作意义、个人使命等的追求。内在动力体现了一个人对自身发展的追求程度，一个人越是迫切需要实现自身发展，他的内在动力就越强劲。对于辅导员而言，内在动力主要源于辅导员对自身发展的迫切程度、对卓越学生工作的追求程度。若只是外部的要求，党和国家对辅导员提出高要求、高标准，这些要求和标准未得到辅导员的内心认同，辅导员是没有动力去提升自我的。因此，要经历职业认同、发展需要、教育引导三个阶段，把辅导员对自身所从事的工作、自己的发展需求、社会的发展需要融合起来，既把卓越学生工作作为自身的价值追求，也把卓越学生工作作为满足社会需要的行动。在这样的前提下，辅导员着力提升自己的能力，把做一名职业化、专业化、专家化的辅导员作为自己的发展目标，通过自学、接受教育、工作实践等多种途径，不断锤炼自己的能力，使得自身素质不断满足社会、大学生的需求。

在感性认识上升到理性认识、辅导员具有强劲内在动力的基础上，内化提升的过程逐渐完成。内化提升的过程包括两个阶段。一是内化阶段，即辅导员要对所学习的知识、所接受的培训、国家社会的需求等内容进行消化吸收，把"外部的知识"吸收为自身的思想、意识、观念、知识等，这一阶段是辅导员的知识、能力的积累阶段。二是提升阶段，即辅导员形成个体意识的阶段。在这一阶段，辅导员的个人思想境界、能力水平、综合素质等都有较明显的提升，实现了量变到质变的转换，辅导员素养的核心组成部分已比较完备，具备了处理各种复杂工作、开展工作研究的能力素养。

5. 素养形成

经历了上述职业认同、需要产生、教育引领、内化提升等四个阶段，辅导员对学生工作有了全面的认识，对工作具有较强的职业认同感，主动把个体发展需要与国家需要融合起来，主动接受相关教育培训提升自身的能力，并把相关知识和社会需要内化为个体需要，提升思想境界，达成一种相对稳定、高效的内在思想状态和外在工作能力，这就是高校辅导员核心素养的形成。从认识论的角度看，辅导员核心素养的形成表现为辅导员对辅导员职业的认同和对学生工作规律的认知。一方面，辅导员对自己所从事的职业的社会定位等有比较全面的认识，认为自己从事的辅导员职业是有意义的，能够对社会发展、学生发展、自我发展起到推动作用。另一方面，辅导员对所从事职业的内在规律有全面的认知，辅导员把握了高等教育发展规律、人的成长成才规律、价值观形成规律等辅导员工作所需要具备的宏观和微观规律，能够熟练运用上述规律开展学生工作，取得较高的成就。从思想的角度看，辅导员核心素养的形成体现为：一是辅导员能够认真学习贯彻马克思主义理论及其中国化理论成果、社会主义核心价值观等，做到真学、真懂、真信、真用；二是辅导员对中华优秀传统文化、中国历史、新中国史等文化历史内容具有较为深刻的认识，能够把这些内容运用到学生工作中去。从知识的角度看，辅导员核心素养的形成体现为辅导员自身知识结构的完善，理论知识、学科知识、实践知识等在辅导员身上能发挥知识的功能。从能力的角度看，辅导员核心素养形成体现为，辅导员具有处理复杂事务的能力、进行学生工作预判的能力、开展学生工作创新的能力、使用最新技术开展工作的能力等。辅导员上述素质的形成，意味着辅导员形成了较为稳定的、独特的、优秀的意志品质和工作能力。

不过，上述辅导员核心素养的形成以及形成的过程，是一种理想的状态，而非实际过程。在核心素养的形成过程中，职业认同、需要产生、教育引导、内化提升等步骤并非严格按照上述理论逻辑展开，它们之间可能是交叉进行，也许是先有需要，后有职业认同。总之，辅导员核心素养的形成不是一个直线向前的过程，而是一个螺旋上升的过程，这个过程可能有反复，也可能有挫折。同时，高校辅导员核心素养的形成是一个不断攀登高峰的过程。当核心素养达到一定程度之后，辅导员自身和社会都会对辅导员提出更高的要求，辅导员会在“新要求”的引导下，再次优化自身的政治素养、能力素养、知识素养，把核心素养提升到一个新的高度。在不断的核心素养形成、核心素养提升的过程中，辅导员不断超越自我，达到自由全面发展的新高度。因此，高校辅导员核心素养是一个动静结合的统一体，动态提升是绝对的，静止不变是相对的。

第三章　大数据背景下辅导员职业化成长的队伍建设

辅导员队伍的职业化成长关乎大学生的管理水平。在大数据时代，建设一支信息化、数字化、专业化教辅团队是深入推进高校教育工作之需。辅导员要运用娴熟的信息化技术构建网络化教育平台，以先进的工作方法和手段完成时代所赋予的历史责任和育人重任。辅导员队伍职业化成长不仅要遵循事实判断的求真、求实和求好过程，做好合规律性和合目的性的统一，还要以科学理念和现实问题为导向，以理论研究为动力探索辅导员队伍的高质量和专业化的发展路径，打造一支思想过硬、综合素质高和具有工匠精神的辅导员队伍。

第一节　大数据背景下辅导员职业化成长专业化队伍建设

一、辅导员职业化成长专业化队伍建设概述

促进大数据背景下高校辅导员专业化建设的发展，首要前提是要对其相关概念有全面清晰的理解。

（一）概念解释与理论基础

1. 专业及专业化概念

“专业”一词最早见于《后汉书》：“今老者六十余岁，远赴他乡，营运粮，无专业。”“专业”指的是一种特殊的学习和工作。如今的“专业”一词，则是社会学领域的学术用语之一，是由社会学家卡尔·桑德斯将其引入并对其进行系统分析研究，他认为“专业是指一组人从事一项需要特定技术的工作，这一工作是一项需要有特殊才能的人来培养和完成，并以提供专业服务为宗旨”①。社会学家布朗德士则这样描述“专业”，“专业是一种正规的职业，为使其成为一种职业，必须进行必要的入职前训练，使其具有智力、有一定的知识和必要的能力，他们不会被用作纯粹的技术职业，主要是为别人提供服务，而非为从业人员提供简单的生活手段”②。通过以上两个社会学家对“专业”的定义来看，要想达到“专业”，首先必须得是一个正式的职业。其次，“专业”意味着从事此项职业的人具备一定的知识和技术。最后，要有一定的知识和技术的人才，利用自身能力推动社会发展。

---

① Carr-saunders. A. M. &Willson, P. A. The Profession. Oxford: Oxford University Press, 1933: 2.

② 赵康．专业、专业属性及判断成熟专业的六条标准——一个社会学角度的分析［J］．社会学研究，2000（5）.

“专业化”相较于“专业”，更强调一个“化”字。“化”最初之义是变及变化。后来经过不断演化，“化”字可以用来做动词，意思是变化或者演变，有动态的意义，也可以用作名词，表示过程或者状态，有稳定的意义。因此，“专业化”应是一个动态发展过程或一种稳定的状态。如今，学术界对于“专业化”定义有不同的解释。西方教育社会学家霍伊尔认为，“专业化并不是一种孤立的存在，专业化的发展一般可以看作是两个同时进行并且能独立发展变化的过程，就是作为地位改善的专业化和作为专业发展、专业知识提高以及专业实践中技术改进的专业化。”① 胡建新认为，所谓专业化是指“某一社会群体遵循科学与规范的专业标准，经过专门教育或训练，个体的专业知识、专业技能、专业发展意识等方面不断提高的动态过程”②。综上所述，专业化的实现是个体专业化和群体专业化相互影响的过程。首先需得从业人员个体经过专门训练从而自身专业水平得到提高。其次，因从业人员个体专业水平高，带动其所从事的职业地位也随之提高。最后，是这份职业的专业性得到全社会承认与认可，也就说明这项职业在社会中的地位已无可撼动，这代表专业化过程的实现。

2. 辅导员专业化概念

所谓辅导员专业化，就是辅导员从一项普通职业到一项专业职业的过程。可以理解为辅导员专业化的前提是要先实现职业化。

因此，可以从以下两个方面来认识高校辅导员专业化。

（1）从业人员的专业化。一是辅导员个体从业人员的专业化，指的是辅导员个体通过专门的培训和训练，专业水平不断提高的过程；二是辅导员群体的专业化，指的是辅导员整体队伍逐步实现结构合理、分工明确、职业认同感高，同时拥有积极向上的职业文化、充满热情的学术气氛和更高的社会地位的进程。

（2）辅导员职业的专业化，即实现辅导员工作一步步走向专门化、专家化、科学化。一是专门化，专门化是由高校辅导员队伍工作性质的特殊性决定的，辅导员不仅是学校的管理工作者，又是学校的行政人员，还承担着高校教师的重任。所以在入职之前，必须对辅导员的政治背景、从业资格、素质能力等诸多方面进行一系列的培训，具备一定的专业知识与技能才可以胜任大学辅导员工作。二是专家化，是指要引导辅导员队伍成为某一方面的专家，在这一过程中需要辅导员队伍承担教学和科研任务。高校要加强对辅导员的教育培训和辅导员队伍建设，同时积极支持辅导员队伍承担一定的科研任务。而高校辅导员也要根据自身的工作实际，提高自身的学术科研能力。三是科学化，这是由辅导员的职业身份决定的。辅导员的身份决定了高校的专业化建设最终要走上科学化的道路，只有实现了高校辅导员工作的科学化，辅导员队伍才能真正担负起国家赋予的社会责任，成为指导学生成长成才的人生导师。

---

① 邓金．教育与科普研究所编译．培格曼最新国际教师百科全书［M］．北京：学苑出版社．1989.

② 胡建新．高校辅导员专业化标准研究［J］．思想教育研究，2009（08）：41-44.

3. 辅导员队伍专业化建设概念

关于辅导员队伍专业化建设的具体内涵，至今学术界没有给出统一的界定。党和国家的相关政策文件仅仅是为高校辅导员的培养、管理、培训、考核、发展等方面提供政策支撑。根据有关的文献资料和国家的政策可知，辅导员队伍专业化建设是对辅导员队伍的整体提升，建设主体依然是国家相关党政和教育部门、高校和辅导员自身。国家相关部门和高校要为专业化建设提供政策支持、营造良好的外部环境，而辅导员队伍要充分发挥主观能动性，加强自我学习和培训，自觉提高自身专业水平，更好地服务学生。

4. 教师专业化理论

霍伊尔表示："教师专业化是指教师在其职业发展的各个阶段中，获得卓越的专业知识和技能的过程。"①《培格曼最新国际教师百科全书》也曾指出："关于教师专业化理论是指从教师成长为专业人员的初始阶段，到在教学过程中不断积累经验且逐步完善的转变过程。"② 这就表明，要成为一位专业教师，不仅要经过专业的岗前训练，更要在教学过程中逐步积累自己的专业知识、技能和素质。因此，教师专业化是一个从非专业化到专业化的一个长久的动态发展过程。具体来说，就是教师要在整个职业生涯中通过各种专业的训练、培训和终身学习逐步掌握专业的教育技术和知识，并在教学实践中不断地提升自己的专业素养，从而在不断发展中成长为一位专业的教育者。

具备管理干部和教师双重身份的高校辅导员，其专业化道路也需要遵循教师队伍建设的发展规律，在研究高校辅导员队伍专业化建设的相关问题时从教师专业化理论角度系统分析，可以为辅导员队伍专业化建设打好理论基础。

（二）大数据背景下辅导员队伍专业化建设的必要性、目标及新要求

高校辅导员队伍专业化建设不是一蹴而就的，要根据每个时代特点，发掘出每个时代不同的目标和要求，从而有针对性地开展专业化建设的步伐。

1. 加强大数据背景下高校辅导员队伍专业化建设的必要性分析

大数据背景下加强高校辅导员队伍专业化建设的必要性非常突出，主要表现在以下几个方面。

（1）应对大数据背景下社会形势深刻变化的必然要求。首先，大学生工作的阵地已逐步向各类互联网平台延伸，网络教育作用日益突出。大学生中有 47.0%的受访者表示"手机绝不离身"；37.4%的大学生表示自己"每天都登录，形成习惯"，并且有 42%的大学生表示网络媒体上充斥着许多复杂的信息，很容易让初出茅庐的大学生们产生困惑。③ 在这种情况下，高校辅导员不能只依靠班团会、谈心谈话等传统线下方式开展教育，而应该以

① Eric Hoyle&Jacquetta Megarry. World year book of education 1980：Professionl development of teachers［M］. London：konganpress. 1980.

② 邓金．培格曼最新国际教师百科全书［M］．北京：学苑出版社，1989.

③ 张卫伟．自媒体环境中大学生个性表达的认同困境［J］当代青年研究，2018（01）：119-123.

“线上+线下”相结合的方式创新教育方式，这就需要通过辅导员队伍专业化建设提升辅导员队伍的网络教育能力。其次，当今世界和平和局部冲突共存，去全球化及贸易保护主义势力重新抬头。西方国家加紧文化入侵，通过网络等各种形式悄无声息地将其价值观传播给价值观还未完全形成的大学生。因此，高校辅导员队伍应该扩大视野、提升思想境界和政治理论水平，帮助学生辨别各种思潮的特质，引导大学生增强政治鉴别力，严防消极和腐朽思想对大学生思想的侵蚀。社会形势的变化极大地影响着辅导员队伍的大学生教育工作，高校辅导员必须通过专业化建设提高自身水平，从而能灵活应对社会形势的深刻变化。

（2）加强和改进大学生教育的必然要求。大学生教育工作重要性突出，直接关系我国后备人才的储备。为加强高校学生工作的实效，教育部于2017年修订了2006年《普通高等学校辅导员队伍建设规定》（以下简称2006年规定）。2017年规定和2006年规定相比，更加注重辅导员教育能力的提升。一是在工作职责上，增添了具有时代特色的新内容，如“网络教育”“社会主义核心价值观教育”“中国梦宣传教育”等，要求辅导员队伍要与时俱进，依据时代要求增强自身价值引领专业能力。二是在选聘、发展和培训中为辅导员队伍发展提供了明确制度保障。2017年规定将原来的3条选聘条件增加到5条，并进行了逐条解释，每条都在着重强调辅导员能力的重要性。三是在工作要求上，明确了人才培养的核心目标。2017年规定增添的各方面的要求，都是为做好大数据背景下大学生教育做准备。辅导员队伍作为大学生教育的主力军，其专业水平的高低影响着教育的实效性。因此，加强辅导员队伍专业化建设不但是贯彻落实党和国家政策的要求，也是及时响应新时代大学生教育发展变化的需要。

（3）提升大数据背景下辅导员队伍能力的必然要求。大数据背景下大学生成长的环境发生了很大的变化，大学生所掌握的知识和信息以及价值观也日益多元化，如果对大学生的教育还采用固化的“填鸭式”教学，很难达到令人满意的教育结果。这就需要加强辅导员队伍专业化建设，不断提高辅导员队伍能力，大数据背景下辅导员要顺应时代发展的要求，以发展的眼光看待和正视社会发展。第一，增强观察和分析当代前沿问题的能力。辅导员队伍要保持常学常新的心态，不断加强对党和国家方针政策的理解，扎实掌握好基础理论，用渊博的知识和扎实的学识感染学生鼓励学生。第二，提高辅导员驾驭相关学科领域知识的能力。做好学生工作，践行以学生为根本的理念，要求辅导员掌握哲学、政治理论学科、心理学、教育学等专业，同时还要积极学习和探索学生成长规律和教育规律。第三，提高与学生沟通交流的能力。高校工作的特殊性决定了辅导员要深入学生的生活中，与学生做朋友，积极与学生进行对话交流，了解他们对生活、对社会的思考，这就需要辅导员队伍不断提高人际沟通能力。因而，高校辅导员队伍能力水平的提高是大数据背景下辅导员队伍应对教育的新变化、高标准的必然要求。

（4）促进大学生健康成长的必然要求。大数据背景下，大学生生活在信息化社会中，他们的思想极易受到网络信息的影响。大数据背景下大学生的特征和需求与以前大学生相比有很大的差异，要想成为大学生的知心朋友，就需要对其进行深入了解与分析，这样才能制订出个性化的管理与服务计划。首先，大数据背景下的大学生对新事物的接受程度较高。QQ、微信、微博等网络社交媒体的普及发展使得他们每天都能接收大量信息。他们极易接触到各种新事物并对其非常敏感，对新事物的接受能力也就自然而然地提高。但也因为他们了解得太多，就出现了很多新想法，而不安于现状。其次，大数据背景下部分大学生缺少奋斗目标，对自我认知模糊，追求独立，敢作敢为，但是缺少坚定的理想信念和为之奋斗的生活目标，对自己能力认识不清。最后，大数据背景下部分大学生竞争意识强，但易受打击。大学生从小就接受“别让孩子输在起跑线上”的竞争意识培养，所以竞争意识强烈。但他们从小生活在家长营造的温室中，一遇到风雨挫折就容易被打击到，承受能力很弱。综上所述，大数据背景下大学生特点鲜明，要培养大学生成长成才，提高辅导员队伍服务质量，辅导员就必须深入了解大数据时代大学生的个性特点，并通过专业化建设不断提高自身素质和专业知识与技能，引导大学生健康快乐成长。

2. 大数据背景下高校辅导员专业化建设的目标

结合高校辅导员工作职责的要求、工作实际以及教师专业化理论三个方面，提出大数据背景下高校辅导员队伍专业化建设的目标。

（1）扎实的教育和价值引领能力。中国特色社会主义进入新时代，国际国内新形势下，高校的教育作用日益突出，高校辅导员要立足于自己的岗位，加强工作的引导和政治教育，同时要根据社会政治、经济发展的趋势，主动探查当前教育中存在的问题，摸索出适合于时代发展特征与需要的工作模式。这就需要辅导员必须具备突出的教育和价值引领能力。首先，高校辅导员队伍需要具有较强的政治素养和宽口径知识。作为党和国家路线、方针、政策的宣讲者，辅导员必须具备较强的政治理解力，才能有效地为学生提供正确的政策解读，引导学生积极响应国家政策，将这些政策有效地落到实处。其次，辅导员队伍承担着立德树人的根本任务。高校辅导员要培养学生正确的价值观，引导他们健康成长，这就需要辅导员队伍具有扎实的价值引领能力。同时，辅导员对大学生价值引领作用的充分发挥，对构建“三全育人”大格局也是一种有意义的探索和实践。最后，高校的基本教育目的是对大学生思想和行为进行正确的指导与塑造，从而使其得到全面、健康的发展。要实现这个目标，辅导员队伍必须通过扎实的价值引导能力满足大学生发展需求，从而促进大学生身心健康发展。

（2）先进的服务型工作理念。服务是高校辅导员在做学生工作时应始终遵循的工作理念。随着新时代的到来，大学生思想与价值观发生重大改变，他们期待辅导员和他们是平等的，厌恶辅导员高高在上俯视他们。因此，面对如此情况，辅导员应该转变旧有的学生管理工作理念，将冷冰冰的管理变成春风化雨的服务。这就需要辅导员在做学生工作时站在学生的立场上，将心比心，想学生所想，急学生所急，心怀全体学生，使每一位学生都能在生活或者学习上受到辅导员的帮助和指导。因此，大数据背景下高校辅导员应具有服务型工作理念，这与过去许多辅导员所采用的管理型工作方式有着很大的不同，它提倡的是在指导和服务学生的过程中达到教育管理的目标，辅导员与学生的关系更加趋向于相互尊重与理解的友好关系，两者之间并无本质上的区别①。服务型工作理念应该是高校辅导员必须遵循的，在此理念的指导下服务于学生成长成才，需要在人生规划、学业计划、心理需求等方面为学生发展提供更好的指导和服务。

（3）丰富的专业技能储备。在大学里，任何与学生相关的活动都离不开辅导员的身影，所以，辅导员的工作涉及学生的生活和学习的各方面，这就需要辅导员有足够的专业技能储备。结合高校辅导员工作实际和职业技能分类标准，辅导员需要具备的专业知识和技能包括知识技能、职业技能和通用技能三方面。知识技能主要是指辅导员需要具备社会学、心理学、管理学、教育学等学科的基础理论知识。辅导员在开展工作时有基础理论知识的指导，这样才能有的放矢地开展工作。职业技能是指辅导员在从事学生工作时所使用的一系列行为和行为模式，具体包括与学生的谈话谈心、党团发展、贫困资助、心理健康教育、评奖评优、危机处理、开展第二课堂活动、网络教育等。通用技能是指学业辅导技能、危机处理技能和人际关系调解技能等通常用到的技能。学业辅导技能是指辅导员能给予学生一般性的学习方法、学习技巧的分享。危机处理能力是指辅导员在面对紧急情况时能够及时地进行干预，并根据其特点做出相应的反应。人际关系调解技能是辅导员能对大学生中出现的人际摩擦，及时进行得当的调解、疏导，避免事态扩大化。高校辅导员只有达到丰富的专业知识技能储备，才能在学生工作中游刃有余。

（4）再发展的科研和学习能力。高校辅导员学习和科研能力不足是各大高校中普遍存在的现象，提高辅导员队伍科研能力是专业化建设的难点和关键。辅导员是教育领域的一线工作者，掌握第一手资料，因此，高校辅导员在科研工作中占有很大的优势，具体表现在三个方面：一是高校辅导员工作在教育一线，能第一时间获得信息与资料；二是辅导员专业背景多样，可进行跨学科研究；三是辅导员具备理论与实践相统一的优势，可在实践的基础上开展科研工作。高校辅导员应该利用其优势，积极参与科研项目，把握学术前沿问题研究，从而能更加专业地指导学生的科研项目，做学生学术研究道路上的“传道”“授业”“解惑”者。“既要做事，又要研究”，这是辅导员专业化成长独具特色的可行路径。② 这说明要实现高校辅导员队伍专业化，辅导员个体的科研与学习能力的提升是必不可少的，这样不仅可以打消辅导员的职业懈怠，还有利于辅导员未来的职业发展。同时，再发展学习能力也是高校辅导员必须拥有的能力。大数据时代的到来，国际、国内的形势日新月异，要求辅导员要了解国家的政策、方针和思想，能够及时带领学生了解国家的发展规划，从而使得学生能将个人发展融入国家发展大势之中。总之，高校辅导员专业化建设必须将可发展的学习与研究能力作为目标之一。

3. 大数据背景下加强高校辅导员队伍专业化建设的新要求

辅导员作为大学生最亲近的老师，担负着引导和培养大学生成长成才的重任。为适应

① 江心敏．新时代下做好高校辅导员工作的几点建议［J］．决策探索（下），2021（07）：48-49.

② 王俊，范赟．高校辅导员专业化成长的“课程化”工作模式探索［J］．思想理论教育，2014（05）：93-97.

大数据时代各方面的变化，督促辅导员队伍提升能力，对辅导员队伍专业化建设提出了新要求。

（1）更加强调对教育规律的重视。高校辅导员队伍的专业化是大学生工作的重要组成部分，其专业化建设过程中必须遵循教育规律。在专业化建设过程中，必然要受到各种因素的影响，要协调好各种因素之间的关系，保持好“教”与“育”两者之间的平衡。不但要注重提高辅导员队伍的职业技能和道德水平，还需要将“育人”作为重要任务，以学生需求为中心展开工作，深入研究大学生的发展需求和个人特质，结合大数据背景下发展需求，依据学生成长规律，积极探索大数据时代大学生实际发展需求，避免重学业轻德育现象发生，从而为学生提供高质量的管理与服务。

（2）更加注重对教育方法的创新。大数据背景下，为及时应对高校工作中各种新问题，高校辅导员队伍必须提高自身专业化水平，创新教育工作方法。大学生自我意识强烈，有较强的自主性，开展教育时不能单纯依赖管理手段开展学生工作，要转换教育观念，多角度、全方位地了解大数据背景下大学生特点，以便为大学生提供合乎心意的服务，以此走进学生内心，获得学生的信任与尊重。同时，教育部规定高校要把教育融入社会实践、志愿服务、实习实训等活动中。高校辅导员要提高自身实践能力、在工作中深化实践教育，指导学生开展社会实践活动，提高学生的实践能力，形成知行合一、德行必备的意识。辅导员在实际工作中，也要依据时代要求，开创网络育人新模式，提高自身的新媒体技术驾驭能力，能够运用新兴网络平台快速占领网络教育的阵地，并引导学生加入其中，共同构建师生互动的网络教育平台。大数据背景下的辅导员队伍要适应教育的新形势，进行工作方法上的创新，这样才符合大数据时代的新要求。

（3）更加侧重对辅导员个人品质的要求。2021 年修订的《中华人民共和国教师法》重点强调，师德师风是第一标准，在法律层面上突出师德师风的重要性。高校辅导员作为教师队伍的一员，对其师德师风建设也必须作为专业化建设的重要任务之一。大数据背景下的高校辅导员受教育程度高，思想开放，易接受新思想。但在多元社会文化思潮来袭时，部分辅导员受到意识形态的多重冲击从而产生政治信念的动摇，丧失了对社会主义核心价值观的坚持，不能适应新的时代需求，盲目追求现实主义和务实主义，道德追求趋于自我化。高校辅导员是学生生活和学习上的指导者、学生成长道路上的旗帜，其个人道德品质高低直接影响到学生身心的健康发展，直接关系到高校教育质量和人才培养水平的高低，加强大数据背景下高校辅导员队伍师德师风建设重要性不言而喻，必须予以重视。

（4）更加重视辅导员队伍对新技术的运用。在电子信息技术飞速发展的今天，高校辅导员要适应社会的发展，要改变观念，要接纳新的东西，摒弃旧的、老的、笨的、慢的思维方式，学习新技能和新思维，研究新青年的时代特点，创新辅导员工作新内涵。在新的时代背景下，高校辅导员要不断地拓展新的学习平台、学习新的内容，不断提高自己的专业技能，增强自己的综合素质，才能保证有效地进行教育，确保教育效果，适应新时代的需求。在教育、教学、管理等内容的特殊性和自身的局限性的基础上，要积极采取线上+

线下相结合的教学模式，灵活开发利用网络工具，创新辅导员工作方式与内容，使学生更容易、更方便地接受高校辅导员的教育和管理。

二、影响辅导员队伍专业化建设的原因分析

大数据背景下高校辅导员队伍专业化建设也存在问题，深层次分析挖掘其背后的原因，主要表现在专业化建设的认识上存在偏差，培训措施不够完备和辅导员自身原因这三个方面。

（一）对辅导员队伍专业化建设的认识存在偏差

只有认识到自己存在的不足，才能转换思想，以实际工作为导向，解决现存的问题，高校辅导员队伍专业化建设也是如此。

1. 部分高校对辅导员队伍专业化建设不够重视

高校辅导员队伍专业化建设，最终是要高校扛起建设的大旗，将辅导员队伍专业化建设纳入高校长期发展目标中。然而，现实情况却是辅导员队伍专业化建设仍然没有引起高校足够的关注，专业化建设依然停留在学校的文件中。首先，辅导员配备比例不合理。教育部早已在《关于加强高等学校辅导员班主任队伍建设的意见》中规定高校辅导员应该以1∶200的比例配足，但仍有不少高校并未按要求配足辅导员。其次，“部门化”是阻碍辅导员队伍专业化建设的原因之一。一些高校并没有将辅导员专业化建设当作“全校之事”，而是作为学工部一部之事，致使专业化建设在实施过程中存在着各部相互推卸责任的现象，制约了专业化建设的进程。再次，高校辅导员专业化的资源配置不合理。在高校中，存在对重点学科的辅导员资源倾斜的情况，所以不同学院的辅导员接触到的培训资源也会有差异，这样不利于从整体上推进辅导员队伍专业化建设的步伐。最后，是高校在制度和政策方面依然沿用过去的辅导员队伍建设管理规定或方法，没有及时响应党和国家的要求，出台新的提高辅导员专业化建设的制度和政策。例如，如何对新入职的辅导员进行专业化的培训，如何从专业化的角度对辅导员进行职称评定等。

2. 对专业化建设的目标理解不甚清晰

《高等学校辅导员职业能力标准》和《普通高等学校辅导员队伍建设规定》的出台，再次强调了辅导员队伍要将“思想理论教育和价值引领”贯穿到辅导员工作的方方面面，要重点关注辅导员队伍教育能力的提高。但此项目标并没有完全体现在专业化建设过程中。首先，辅导员队伍对“思想理论教育和价值引领”工作职责的履行不力。其次，辅导员队伍教育与价值引领能力不高，辅导员队伍专业化培训并没有达到令人满意的结果。最后，对学术能力提高的重视度较低。高校辅导员的科研能力的高低是高校辅导员做好大学生教育工作的一个重要基础，然而高校辅导员更多选择在实践性较强的工作职责中，提高自己的教育水平，多数高校辅导员缺少在理论和实践研究上提高教育水平。

3. 对专业化建设的内容认识不够明确

大数据背景下辅导员队伍专业化建设的内容，应该依据大数据时代社会各方面发展的要求而不断丰富和完善。然而，当前专业化建设的内容却与大数据时代需求不符，缺乏说服力，主要有以下原因。

一是具体的内容脱离时代的需要。新时代，高校辅导员专业化建设的内容应该与时俱进，与大数据背景下发展需求相匹配。但现实情况却是，专业化建设培训内容远远落后于社会形势的变化。例如，缺少辅导员如何应对“慢就业”等问题的培训，缺少辅导员如何运用新媒体技术抢占网络教育阵地，为学生创设清明纯净的网络环境的培训等。

二是具体内容与工作实际脱节。任何理论都是从实践中来的，与实际相脱离的工作是没有任何指导意义的。当前对辅导员专业化建设的内容出现了与现实脱节的现象，把专业化建设简单地当作单一的专业技能的提高，忽视了辅导员承担着教育的重担，缺少对辅导员进行思想品德修养和行为示范性的考核培训。目前，我国高校辅导员专业化建设主要集中学习一些报告讲话、教材、会议资料中的内容，与辅导员实际工作需求相脱离，缺少对实际工作问题的了解和把握，导致专业化建设的效果不尽如人意。

三是具体内容脱离学生工作实际。辅导员队伍专业化建设本质上是为了给学生提供优质的服务，学生对辅导员的信任度增强，从而更好地开展教育。然而，现在专业化建设的内容却很少从学生需求出发，去关注辅导员在实际工作中切实遇到的问题并提出解决方法。要解决这些问题，就必须进行全面的调研，以使教学内容更加具有针对性，从而达到应有的教学目的和教学效果。

（二）辅导员队伍专业化建设的措施不够完备

大数据背景下高校辅导员队伍专业化建设的完成需要外部条件的推动，但专业化建设的外部建设措施存在问题。

1. 对专业化建设政策的具体落实参差不齐

党和国家十分重视辅导员专业化的建设工作，出台多项政策保证辅导员队伍专业化建设的发展，但政策的具体落实情况却不尽如人意。从高校辅导员队伍专业化建设的现状来看，各高校未能及时领会新政策，专业化建设政策的调整与落实仍存在不少问题。首先，各高校对政策的变化反应不够迅速，致使辅导员队伍专业化建设速度较慢。面对国家出台的关于辅导员队伍专业化建设的新政策、新要求，部分高校反应较慢，没有及时更新和修订原有的一些制度文件，导致其已不适用于大数据背景下新形势的发展，这种情况的存在给辅导员队伍专业化建设的发展带来严重阻碍。其次，有些高校未能充分领会政策内涵，对党和国家出台的政策不做分析和研究，直接套用，从而造成一些政策“落不了地”，不能有效推动专业化建设，反而使得辅导员队伍建设达不到预期。最后，一些高校对于专业化建设的政策模糊处理，在制定辅导员队伍专业化建设的相关制度条文时比较宏观，缺乏具有可操作性的细则，这对于辅导员专业化建设没有指导价值，不利于专业化建设工作的开展。大数据背景下，如何将党和国家出台的关于高校辅导员队伍专业化建设的政策制度依据现实情况及时调整落实到位，是专业化建设的一大挑战。

2. 对辅导员的专业培训方式缺少时代性

大数据背景下，辅导员队伍专业化建设的内容和方法也应该依据新的时代环境而有所创新，但辅导员队伍建设培训体现不出时代性，培训效果不好。

首先，高校辅导员培训方式过时。当前辅导员培训方式多是传统的理论授课。这种培训方式僵化、单一、落后，不适应辅导员队伍年轻化的现实情况。如今，辅导员队伍期望在培训时除了传统课堂教学以外，能利用网络时代的优势，创新培训方式。其次，缺少对高校辅导员的针对性培训。由于辅导员的工作性质和工作内容之间存在着细微的差异，新老辅导员之间、兼职与专职辅导员之间也存在个体差异，这就要求培训内容要多元化，增强培训针对性。最后，培训考核方式单一。培训后的考核是对培训成效的检测，能反映出此次培训效果是否理想。但培训考核存在形式主义倾向。对辅导员培训的考核大多是课前签到看出勤情况，课后看论文、心得的提交情况。虽然课前考勤、课后功课考察可以从某种意义上反映出辅导员的培训效果，但是这种考核方式太过死板，只能从理论上判断辅导员的训练效果，而不能真正体现出培训是否能对辅导员实际工作带来正面的影响。

3. 对大学生发展需求的关注不够

辅导员的工作是以学生为中心的，如果脱离了学生的需要与发展，那么，辅导员的专业化就会“浮于半空，不接地气”，也就失去了其存在的价值。辅导员队伍专业化建设并没有将此项能力的提高作为任务之一进行推进。而且高校辅导员队伍专业化建设也很少听取学生意见，专业化建设的最终目标是要为学生服务的，因此，在开展专业化建设前，也应该先对学生需求情况进行调研，听取学生关于专业化建设的意见。

（三）高校辅导员自身存在局限性

辅导员队伍专业化建设出现问题，绝不只是实践体系不够完善，还因为高校辅导员自身具有局限性。

1. 职业发展规划不明确

有明确的职业规划就有了明确的努力方向。但是，很多辅导员在职业上缺乏明确发展规划，即使每天都在努力工作，却很难看到自己的事业巅峰，也很难实现自己的社会价值。[①] 高校辅导员应该对自己未来的发展有明确目标。部分辅导员虽然有明确的职业目标，但就如何实现目标却没有清晰的规划。造成这种情况的主要原因如下：一是辅导员缺乏职业生涯规划意识。大多数辅导员每日都是根据校、院二级的指令开展工作，很少在工作中及时反思，也没有对未来职业发展进行具体规划。二是繁重的工作阻碍了学术思考。辅导员需要面对各种事务性工作和学生上报的各种问题，很少有时间沉浸下来进行学术思考和

① 梁娟．新时期高校辅导员管理激励政策的构建［J］．黑河学院学报，2018，9（10）：58-60.

研究。辅导员缺少学术产出，在学术上就无立足之地，没有学术上的支持，专业化更是无从谈起。三是职业发展环境不乐观。

2. 专业基础不扎实

高校辅导员队伍学科背景多样，其所接受的教育，学到的知识与技能不尽相同。因此，会出现部分辅导员因所学专业和辅导员需要具备的知识与技能相差较大，专业基础不牢而造成工作时缺乏全局意识，对学生学习和生活无法提供科学的指导，工作陷入被动的局面，不能很好地完成学生工作。虽然现在高校辅导员都是硕士学位出身，但是高学历并不意味着能完全胜任辅导员工作，要想成为一位合格的辅导员，必须具有一定的教育、心理、管理等专业知识，再通过专业的技能培训，才能为学生提供优秀的指导、帮助和服务。① 当前辅导员队伍存在年轻化的特点，他们因缺乏系统、专业化的培训，工作方法落后，管理方法也不够科学，致使在处理繁重复杂的工作时没有合理的规划，从而导致工作效率低，不利于高校辅导员队伍工作职业情感的提升。他们往往工作经验不足，专业技能掌握不扎实，面对突发事件时，心中缺少应急处理方案，极易陷入手忙脚乱的境况中。

3. 职业信心不稳定

马克思曾说："如果我们选择了最能为人类福利而劳动的职业，那么，我们的幸福将属于千百万人，我们的事业将默默地、但是永远发挥作用地存在下去，而面对我们的骨灰，高尚的人们将洒下热泪。"② 高校辅导员队伍在入职前对辅导员工作充满信心，立志要在辅导员岗位上做出一番大事业。然而工作几年后，部分高校辅导员被繁杂的学生日常事务磨去了锐气，出现了工作疲惫期，无心提高自身专业化素质。当前待遇水平不符合辅导员的工作强度，福利水平一般，这也使得辅导员为此职业奋斗的动力降低，从而导致了辅导员职业信心的减弱和职业情感的降低。

三、加强大数据背景下辅导员队伍专业化建设的对策

（一）构建辅导员队伍专业化建设的保障体系

辅导员队伍专业化建设要想稳步地向高水准迈进，需要政策、制度、环境等方面提供坚实保障，确保专业化建设的政策得到有效贯彻落实，制度体系完备、建设环境良好。

1. 加强对辅导员队伍专业化建设的政策落实

党的十八大以来，党和国家一直将教育工作作为基础性工作进行推进，高校辅导员队伍专业化建设也属高校工作的任务之一，因此党和国家也需以问题为导向，为辅导员队伍专业化建设提供政策保障。

国家要加强对政策执行情况的检查和政策落实效果的监督。国家出台政策保障辅导员队伍专业化建设的推进，在政策落实中，加强监督管理必不可少。"辅导员是否可以同时

① 陈宇．新时代高校辅导员队伍建设的成效、困境及对策研究［D］．贵阳：贵州师范大学，2020.

② 马克思．马克思恩格斯全集（卷四十）［M］．北京：人民出版社，1982.

走专业职称和行政职级”的肯定回答仅占56.2%，对目前工作的总体制度环境的满意度也仅为57%。[①] 这显然说明了国家制定的一系列政策和具体要求，在落实上出现了问题。因此，政府必须纠正和防范政策执行中的形式主义，做好政策执行的监督，确保政策落到实地。一是要加强对政策的宣传教育。让全国各大高校深入领会政策的具体内容，增强对辅导员政策的认同，从而更有效地落实各项政策。二是要加快实用性政策的落实。对于高校辅导员队伍关心的考核、晋升和薪资相关制度，高校应该及时响应政策精神，快速落实每一项辅导员关心的制度措施。三是要提升政策沟通交流的顺畅度。良好的交流是有效实施政策的一个重要保证，要构建一套权责分明、分工合理、权责一致、高效运转的辅导员队伍的专业化分工体系，实现各有关部门、院系、辅导员之间多沟通、多协作、多支持，形成工作合力。

2. 健全辅导员队伍专业化建设的工作体系

高校辅导员作为一个庞大的学习需求群体，其专业化进程中专业知识、技能和能力的学习更应该在教育主管部门提供资源和契机的基础上，充分发挥高校自身的作用。[②] 高校要加强对辅导员队伍的选聘、管理、激励与发展制度的完善，从而为辅导员队伍专业化建设的发展提供制度保障。

一要有明确严格的选聘体系。实现辅导员队伍专业化建设的关键一步是在选聘环节选出优秀的辅导员。高校要依据本校情况在选聘时，对求职人员进行职业技能、道德品质、政治素养等方面的考察，明确选聘标准。高校也要按照国家规定以1：200的比例关系配备辅导员，如果配备不足可选聘班主任、优秀老师、硕士生以兼职的方式作为补充。最后，高校要保证辅导员选聘过程的透明度。在学校党政机关的统一领导下，通过笔试和面试相结合的方法，做好监督，保证选拔过程的透明化、规范化、公平化。

二要有专业且公正的管理与考核体系。学工部要具有专业化的管理能力，用专业化的管理方式推动辅导员队伍的专业化建设。学工部门作为负责辅导员管理的专门机构，要在实际工作中不断提高管理能力的科学化水平，从而能在辅导员队伍的选聘、培养、考核、晋升过程的管理中更加科学专业，为辅导员队伍专业化建设“保驾护航”。同时，学工部门也要对辅导员队伍进行科学的考核。要使考评主体多样化，不仅需要国家督察小组的评价、学校职能部门的考评，还需增加同事考评和辅导员自评以及所带学生的评价。这样才能更加全面、客观，达到公正考评的结果，从而使辅导员队伍的合法权益得到有效保障。

三要有完善多元的激励与发展体系。激励制度和发展制度要有效结合起来，激励制度的设立是为了刺激辅导员队伍追求更好的发展。辅导员队伍专业化建设中，要注重物质激励与精神激励、正面激励和负面激励相结合的方式，这样能从多方面刺激辅导员队伍自觉提高专业水平。同时也要确保激励方式的公正化，营造公平的竞争氛围，明确辅导员晋升

---

① 陈子季. 高校辅导员使命崇高不可替代［N］. 光明日报，2019-04-02（14）.

② 李忠军. 以职业能力建设为核心推动高校辅导员队伍专业化发展［J］. 思想理论教育，2014（12）：97-102.

标准，拓宽其晋升途径，引导其走专业化的发展道路。

3. 着重形成辅导员队伍专业化建设合力

高校辅导员队伍的专业化建设不能“单打独斗”，要善于“借力”，要与其他队伍和部门全面协调发展，共同进步。[①] 因此，要为辅导员队伍专业化建设提供舆论环境保障，改变学校各部门对辅导员工作的传统认识，争取全校对专业化建设的认识与支持，形成合力共同推动辅导员队伍专业化建设的发展。首先，要引起高校对辅导员队伍专业化建设的重视，只有高校将专业化建设融入学校各大制度文件中，倡导校院各部门协调推进，要求校内各机构通力配合，才能真正推动辅导员队伍专业化建设的进程。其次，高校各部门要承担起各自的责任，如人事部门要做好辅导员队伍的选聘工作，从根本上保证辅导员队伍能力素质符合党和国家的要求；组织部门要做好辅导员队伍的基层党组织建设工作，确保辅导员的政治素养和政治理解力得到有效提高；宣传部门做好辅导员队伍专业化建设的宣传工作，引导更多人参与辅导员队伍专业发展，等等。最后，高校各部门要团结起来，营造一个有利于辅导员专业化发展的良好校园环境，提高高校辅导员自觉参与专业化建设的意识，加强自我管理，变被动为主动提高专业水平。只有学校各部门团结一致，积极推进辅导员队伍专业化建设，才能实现高速度、高质量的建设成果。

（二）明确专业化建设的现实任务

辅导员队伍专业化建设的目标和内容会随着时代的不断发展变化而增添或者删减，其建设的现实任务也会随之改变，因此，要依据时代特点，明确大数据背景下专业化建设的现实任务。

1. 构建团队作业的工作新模式

由于每个辅导员的知识体系、个性特质、专业能力和思维方式的不同，辅导员的专业特长和解决问题的方法也不尽相同。因此，在专业化建设过程中，要扬长避短，将拥有不同专业特长的辅导员组成一个团队，以团队作业的方式弥补专业水平不高的现实困境。“辅导员职业能否实现专业化，根本落脚点在于有没有专业性的事情供专业的人来做”[②]。通过“团队作业”的方式发挥每位辅导员的特长优势，组建一支优势互补、强强联手的专业化团队。例如，在对大学生开展教育中，高校应充分利用辅导员不同专业背景的优势，根据辅导员的专业背景开设各种各样的选修课程，这样不但让辅导员的多样专业背景优势得到充分发挥，而且扩大了辅导员教育的覆盖范围。在日常教育中也可充分利用辅导员队伍专业背景知识的优势。师范类辅导员可以充分运用教育学的相关知识，根据学生的具体情况，强化教育和价值观引导；理工科辅导员可以通过清晰的逻辑思维来帮助学生解决学

① 周蓉，顾春华．高校辅导员队伍专业化建设的内涵式发展及路径探索［J］．黑龙江高教研究，2021，39（06）：120-124.

② 刘涛．高校辅导员专业化研究中的偏颇与纠正——基于对文献的分析［J］．思想理论教育，2010（17）：88-92.

习生活中遇到的各种问题，从而在潜移默化中开展教育；心理学专业的辅导员要依靠心理学相关知识，对学生心理健康情况进行跟踪，并能通过教育引导学生树立正确的价值观，因为“心理危机的产生与爆发，多与价值观冲突有关”①。

2. 努力提升辅导员自身素养

在大数据时代的背景下，高校辅导员队伍专业化建设应该根据时代要求，努力提升辅导员自身素养。

首先，要提升自身亲和力，关注学生发展诉求。脱离了学生的需要和发展，辅导员的专业发展也就失去了应有的作用。② 因此，在大数据时代的新背景下，辅导员队伍专业化建设要以学生为中心，重点关注学生发展需求，积极探索基于学生发展需求的专业化建设道路。

其次，要提升自身服务意识，构建服务型专业化发展体系。高校辅导员专业化发展的最终目标是为学生提供优质的服务，专业化发展应以“以生为本、为学生成长成才服务”作为出发点和归宿，从而构建服务型的专业化发展新模式。

最后，要提升数字素养，积极运用新媒体技术提高学生管理与服务质量。专业化建设工作要帮助辅导员队伍积极运用数字化、信息化的管理手段，建立完善的、科学的、合理的工作规范，为辅导员的学生日常管理工作和职业提升“减负”，使辅导员摆脱烦琐的日常管理工作，有更多的时间和精力去提升自己的专业技能。

3. 加强辅导员队伍的师德师风建设

注重师德师风培育，发挥教师的精神导向作用，不但是高校人才队伍可持续发展的重要保障，更是高校综合软实力提升的重要基石。③ 辅导员作为高校工作者，其队伍专业化建设必须始终将提高辅导员的师德师风作为当前重点任务。

首先，必须以制度强制力保证师德师风建设的规范性。一要通过政策制度的强制力加强全社会对辅导员队伍师德师风的重视，使辅导员队伍明确师德师风建设的重要性，从而自觉规范自身的道德行为。二要落实主体责任，建立健全工作制度，形成责任明确、沟通及时、协调到位的工作机制，真正形成各方工作合力。三要狠抓工作落实，要保证师德建设的各项工作不走过场，不搞形式主义，学工部门和各院系做好对辅导员师德师风建设工作落实的监督，确保师德师风建设工作一以贯之，落细落深，落实到位。

其次，要着力完善师德师风的考核机制。高校应制定一套科学、规范的道德评估制度，以明确对辅导员队伍个人品质的基本要求。通过对辅导员队伍师德师风进行严格考核，做好警示教育和防范工作，对高校辅导员队伍不道德的行为抓早抓小，防微杜渐。

最后，提高辅导员队伍师德师风水平，要营造浓厚的歌颂师德师风的校园文化环境。在全校范围内深入开展师德师风学习、宣传、教育、表彰、督查等活动，推动全校上下统

① 陈新星，林伟毅．价值引领：辅导员开展大学生心理危机干预的着眼点［J］．思想理论教育，2015（09）：88-92.

② 屈桃．新时代高校辅导员实践智慧：内涵、价值及生成策略［J］．思想教育研究，2018（09）：105-108.

③ 高朝鲜．立德树人视角下高校辅导员师德建设的路径［J］．教育与职业，2015（32）：59-61.

一思想，把校园文化的无形教育功能发挥到极致，使师德师风“入心见行”，实现全员、全过程、全方位的育人。

（三）创新辅导员专业能力培训模式

要想推动高校辅导员队伍专业化水平的提高，必须创新培训模式，形成“常态化”培训体系，施行具有时代性的培训方式以及采用“以需求为导向”的培训措施。

1. 构建常态化专业化培训体系

高校辅导员队伍专业化建设是一场“持久战”，对辅导员队伍专业化培训必须形成系统性、长期性、多样性的常态化培训体系。首先，加强常态化培训工作管理。高校应该成立专门机构负责辅导员培训工作，制订科学的培训计划，同时，做好辅导员参与学习的过程的记录，定期对培训的阶段性成效进行分析评价，及时对培训方式、培训内容进行适当的调整，使培训工作更加精细。① 其次，培训内容和形式要充分结合实际。在确定具体培训内容之前，需要事先对辅导员队伍的培训需求进行全面调查和研究，再结合学校未来发展规划进行综合分析后，才能确定符合辅导员队伍和学校需求的培训内容。因此，培训必须与辅导员的工作实际相结合，解决辅导员实际工作中的个性化问题，提升辅导员的实际工作能力和业绩水平。培训形式上要多样化，以满足辅导员队伍多样化的培训需求。例如，高校可安排辅导员到其他高校体验式学习，使辅导员亲身感受，增加培训活动的真实性。同时，学校也可以成立专业的兴趣小组，把有类似兴趣的辅导员聚集到相同的工作室或兴趣小组，定期进行交流，总结经验，研究问题的解决方法，使辅导员们更容易相互启发、激励。② 最后，加大培训保障力度。一是保障充分的培训时间，高校要根据辅导员实际工作情况做好培训安排，减轻他们的工作负担，使辅导员队伍拥有充足的时间接受培训；二是做好培训资金的保障，高校应为辅导员队伍专业化培训提供专项资金保障。

2. 突出培训内容和方式的时代性特征

高校辅导员队伍专业化建设作为工作的一个重要组成部分，必须服从于教育的中心任务，高校工作历来都结合国家现实发展状况，为国家培育高质量人才。对于辅导员队伍专业化的培训也要结合国家现实问题开展，其培训方式和内容必须体现时代性特征。一是在培训内容上，要结合当前社会热点问题。因此，此阶段培训应该以提高辅导员队伍的心理疏导能力为重点。二是在培训方式上，可充分利用新技术优势。例如，可利用大数据加强可视化管理和信息共享，一方面，可视化管理能够真实反映辅导员队伍的学习情况，能准确统计高校辅导员队伍专业学习的具体情况，如听课的进程、答题的正确率和对各种学习资源的下载情况，为有效培训提供依据。另一方面，可以通过信息共享技术建立校、省和国家级培训资源库，为各大高校基层辅导员提供学习和实践的平台，实现辅导员不出校门

---

① 李纪华，校院两级管理体制改革背景下青年教师职业规划策略研究——以安徽农业大学为例［J］．安徽农业大学学报（社会科学版），2016，25（01）：105-109.

② 刘璐，王国建．上海高校辅导员培训体系的现状调研分析［J］，求知导刊，2017（02）：25.

也能享受到省和国家级的培训资源。同时，还可以利用大数据技术进行培训资源的集成。提供全面涵盖的培训课程，并结合当前社会热点，将理论学习与工作实际相结合，及时更新培训材料。

3. 施行以需求为导向的培训措施

为应对大数据时代带来的新环境、新要求、新挑战，辅导员队伍专业化建设要取得实效，必须以高校辅导员的需求为导向，明确当前辅导员队伍最需要什么样的培训措施，从而改进落后的培训方法，吸引辅导员队伍积极参加培训。

比如，可设置自主选学的全新模式。转换以往固定培训课程内容，紧紧抓住中国特色社会主义理论体系这条主线，设置多个专项学习板块，如党的理论与修养、中央会议精神、辅导员实践能力培养等课程，并将这些课程视频上传到网络平台上，由辅导员根据自身需求选择培训课程，以满足高校辅导员队伍的个性化学习需要。也可采取互动性较强的教学方式，打破传统的教学格局，通过“线上+线下”相结合的方式增强互动性，通过多渠道多层面的沟通，将以往的单向传输训练变为多向互动训练，从注重知识积累的训练转变为重视综合能力提升的训练。同时，大数据背景下的教育离不开新媒体和新技术，辅导员队伍也迫切期望提高自身新技术运用能力。因此，可以通过建立信息化教学与交流平台，聘请业内优秀的大数据专家，对辅导员队伍进行信息技术运用的专业培训。同时，进一步细化高校辅导员的信息化训练学时标准，对高校辅导员的信息化学时进行分年度分类，还可以引导辅导员队伍成立新技术研究小组，加强辅导员队伍内部的学习研究交流合作。

（四）提升辅导员自身的主观能动性

大数据背景下高校辅导员队伍的建设发展不仅仅需要外部保障机制的完善和政策支持，更重要的是辅导员要发挥主观能动性，加强推动自身专业化发展的内部动力，增强自我效能感和职业认同度。

1. 以责任意识强化辅导员的岗位认知

辅导员队伍在自我发展的过程中，要朝着建设学习型、研究型、专业化的目标迈进。以责任意识加强辅导员对其职业的全面认知，根据自己的兴趣与优势做好职业规划，树立终身学习的理念，这样不仅可以提高辅导员的职业认同度和稳定性，也能提高辅导员在学生、学校和社会中的地位。首先，辅导员要清楚认识到自身职业的多面性。一方面，辅导员兼任着德育教师的身份，需要承担教书育人的职责；另一方面，辅导员是负责学生日常事务的管理人员，承担着为学生提供优质服务的职责。其次，辅导员要做好职业规划，要挖掘辅导员职业中自己感兴趣的方向，学会扬长避短，将个人职业发展规划融入国家未来发展中。最后，辅导员专业化建设不是一蹴而就的，而是一个终身化的过程，只有抱着终身从事的态度，才能有效提高自身专业化水平，保证专业化建设稳定发展。因此，辅导员队伍要树立终身学习的观念，无论处于什么阶段与境况中都要不断学习，总结经验，反思工作方式，提高调查研究能力和专业化水平。

2. 以任务要求推动辅导员的技能提升

高校辅导员队伍承担着立德树人的根本任务，肩负着培育优秀新时代青年的历史使命。要确保使命的实现，就必须提高辅导员队伍专业技能水平，服务于大学生成长成才的需要。

首先，要找准自身职业能力优势，确定专业化发展方向。辅导员的工作任务繁杂，难以做到事无巨细，因此，必须合理地安排好时间，提高时间管理水平和工作效率，使自己摆脱繁重的工作，并根据自己的能力定位，明确自己的职业发展方向。① 作为辅导员，要对教育部规定辅导员九大工作职责深入了解，根据自身能力在某一职责领域上达到精通程度，做到九大工作职责的“杂家”，更要做到某一职责的“专家”。其次，确立科研意识，提高学术研究水平。辅导员队伍要自觉提高工作效率，从而使得辅导员有更多的时间思考学生问题，开展学术研究工作。高校辅导员还要积极学习研究党和国家相关政策和文件的理论精髓，思想上与时俱进，行为上不断创新。最后，提高思想认识，注重学业辅导能力的培养。高校辅导员学业辅导能力与传统学业辅导不同，主要是帮助学生形成良好的学习习惯、规范学习行为、取得良好学业成绩。因此，辅导员队伍一是要做到思想上重视行为上主动，充分认识对学生开展学业辅导是帮助学生解决实际学习困难的一项重要任务。二是要不断总结经验、进行专业研究，加强对学生学业辅导需求的了解与把握，从而不断优化学业辅导方法。

3. 以职业前景增强辅导员的专业自信

辅导员队伍有着良好的职业前景。首先，高校辅导员队伍是有正规编制的。其次，高校辅导员享受职称晋升双渠道。高校辅导员可以选择走教学岗，也可选择走行政岗，这种优待其他职业是享受不到的。最后，国家非常重视辅导员队伍建设，为辅导员队伍专业化发展建立专门的辅导员培养和研修基地、为在职辅导员继续攻读硕博学位单设标准、为辅导员队伍单设科研专项等。

因此，高校辅导员相比其他的专业教师，职业发展是具有较为光明的前景的。虽然高校辅导员日常工作事务多且杂，无法像专业教师那样从学术和教学成果上进行精确的工作评价，从而实现职称职务的晋升，但高校辅导员享受职务晋升双通道，因此只要坚定信心，坚定不移地面对各种工作中的困难和挑战，思想上认同、内心上热爱其职业，自愿以高度的社会责任与职业道德关怀、热爱、尊重学生，坚持对事业的热爱与奉献精神，并能脚踏实地、实实在在地凭借自己的能力实现自身专业水平的提高，就能有效推动整个职业专业化建设的完成。

高校辅导员队伍专业化建设是一个不断发展的过程，它会紧跟时代的发展变化而变化和发展。党的二十大以后，我国步入了一个新的发展时期，高校辅导员队伍专业化建设需积极跟随时代的变化，积极探索在大数据时代背景下专业化建设如何开展。

---

① 方兵．新时代高校辅导员的自身发展与使命担当——基于教育部第 43 号令的文本诠释视角［J］．高校辅导员学刊．2018（03）：10-13.

第二节　大数据背景下辅导员职业化成长高质量队伍建设

一、辅导员职业化成长高质量队伍建设概述

（一）概念界定

本节所研究的“高质量”来源于新时代“高质量发展”新理念。在新时代，为了改变过去低效率、粗放式的经济增长模式，缓解人民日益增长的美好生活需要和不平衡不充分的发展之间的矛盾，我国经济社会发展从重数量重速度向重质量转变。高质量发展成为当前乃至更长时期我国经济社会发展的首要任务。经济社会的高质量发展，对教育特别是高等教育也提出更高的要求，教育质量和师资队伍质量受到更多的关注。辅导员队伍作为高校教育工作的重要抓手，应当遵循国家高质量发展新理念，并将其融入自身发展建设当中。

结合研究主题，根据“高质量”这一词语的不同词性，本节所研究的“高质量”具体表现出以下三个特征：第一，将“高质量”理解为一个名词时，高质量表现为一种发展理念导向，指辅导员队伍在发展过程中要符合时代发展规律、追求更高发展目标、与大数据背景下高质量发展理念相融合；第二，将“高质量”理解为一个动词时，指辅导员队伍要高质量开展各项工作，辅导员队伍建设相比以往要更加全面、更加充分、更加专业化职业化，是一种发展过程导向；第三，将“高质量”理解为一个形容词时，辅导员队伍的高质量表现为辅导员开展的学生管理工作、思想教育工作等是富有成效的、质量更高的，能够更好地满足高校学生管理和社会人才培养的需要，是一种发展结果导向。这三个特征贯穿于大数据背景下辅导员队伍建设的全过程。①

（二）理论基础

人力资源管理是管理学领域的概念，也可以运用在教育领域，即企业或者学校根据自身发展需要，通过选拔、招聘不断地获取合适的人力资源，并通过培训、绩效、酬劳等有效管理方式对所获得的人力资源进行合理的开发、配置和使用，使所有的人力资源各施所长、各司其职，以满足企业或学校当前及未来良性发展需要所进行的全部活动。简单来说，就是思考如何选择、运用、培育人力资源，并且最后还要留得住所拥有的人力资源。因此，人力资源管理注重的是通过有效管理、有效激励和有效组织等积极开发人力资源的潜在能力，使人力资源在组织内达到可持续性发展。辅导员是管理学生教育工作的关键，辅导员队伍的整体情况直接影响高校对学生事务的管理和学生自己的发展。因此，将人力资源管理理论运用到大数据背景下辅导员队伍的师资管理上去，可以更高效地建设高质量辅导员队伍。

① 钟晓敏．新时代高等教育高质量发展论析［J］．中国高教研究，2020（05）：90-94.

二、大数据背景下建设高质量辅导员队伍的必要性

（一）大数据时代对辅导员队伍建设的新要求

大数据背景下加强辅导员队伍建设是全面贯彻党的教育方针、深化高校工作改革创新、提高人才培养质量的重要之举。党和国家高度重视辅导员队伍建设，颁布了一系列重要文件，出台了一系列重要政策，深刻阐述了辅导员队伍建设的重要理论和实践指向，对于辅导员的成长发展、队伍建设提出了新要求。

第一，贯彻新发展理念。党的十九大报告提出，中国特色社会主义进入了新时代，我国经济已由高速增长阶段转向高质量发展阶段。这是我国发展的新的历史方向，也是当前和今后一段时期各项工作开展的宏观环境。这就要求辅导员队伍在发展过程中要符合时代发展规律，追求更高发展目标，贯彻新发展理念，推动辅导员队伍高质量发展，使大数据背景下的辅导员队伍能够更高质量开展各项工作，能够更好地满足高校学生管理和社会人才培养的需要。

第二，落实立德树人根本任务。辅导员作为开展大学生教育的骨干力量，在高校工作中具有独特的地位与作用。因此，落实立德树人根本任务是对高校工作者、特别是辅导员队伍建设的根本要求。

第三，强化辅导员队伍的职业化、专业化能力导向。《普通高等学校辅导员培训规划（2013—2017年）》《高等学校辅导员职业能力标准（暂行）》《普通高等学校辅导员队伍建设规定》等文件的印发，明确了辅导员的工作要求与工作职责、配备与选聘、发展与培训、管理与考核等内容，对辅导员个人和辅导员队伍建设都指明了提升的方向。

第四，辅导员队伍建设可持续发展。《关于进一步加强和改进新形势下高校宣传思想工作的意见》《关于加强和改进高校宣传思想工作队伍建设的意见》等文件明确了辅导员队伍建设的重点任务，包括配齐建强工作队伍、提升队伍整体素质、改进加强网宣能力、不断强化实践锻炼、完善激励评价机制等内容，对促进辅导员队伍建设的可持续发展提出了新要求。

（二）高质量辅导员队伍的内涵

基于对高校辅导员的成长发展、队伍建设提出的新要求，本节主要从三个维度对高质量高校辅导员队伍的内涵进行阐述。

第一，高质量辅导员队伍中的个体是高质量的。一个优秀的、高质量集体的建设离不开组成集体的每一个人。因此在一支高质量的辅导员队伍中的辅导员个体各方面都应该更加全面、专业。作为高校开展教育工作不可或缺的重要力量，辅导员首先在思想上要树立正确的思想观念，明确自己肩负的时代使命，拥有坚定的政治立场，以做到“三个牢固树立”、成为“四有”好教师、成为学生的“四个引路人”作为职业生涯的理想信念。其次，在工作能力上更加严格要求自己，具备开展教育工作的相关学科宽口径知识，能够以

更加全面的专业知识和专业技能应对辅导员的九大工作职责，真正热爱大学生思想教育管理工作。

第二，高质量辅导员队伍的工作是高质量的，表现在工作开展的过程和工作取得的效果。在高质量的辅导员队伍中，辅导员的职责分工更加明确，团队合作的概念更加清晰，将学生事务划分为基础性工作、教育类工作、心理辅导类工作、学生资助管理类工作、择业就业咨询类工作、突发事件处理类工作等，专人专责，分工明确。每一位辅导员在自己具体负责的职责范围内做到专业化、职业化，使得工作质量和效率更高。因此，高质量辅导员队伍的工作效果具有更高的外在满意度，所开展的学生管理工作、思想教育工作等具有更高的价值，能够更好地实现高校立德树人的根本任务。

第三，高质量辅导员队伍建设从整体来看是可持续发展的。这体现在建设高质量辅导员队伍的整个过程。首先，高质量辅导员队伍有严格的准入环节，选择高素质、高标准、有扎实专业能力的人才进入辅导员队伍；其次，高质量辅导员队伍内部按照能力进行合理的人员分工，各司其职；再次，高质量辅导员队伍拥有健全、完善的培训体系，包括岗前培训、职后培训、专业发展培训等，为整个队伍提供健康的职业发展环境；最后，高质量辅导员队伍拥有合理的岗位待遇，从物质到精神，给予辅导员充分的保障，减少人才流失。从选、用、育、留四大环节来保证，整个辅导员队伍的发展面貌将欣欣向荣，生气蓬勃。

综上所述，高质量高校辅导员队伍是指进入了高质量发展阶段，发展得更充分，能更好地满足内部需要和外在满意的辅导员队伍，这样的队伍由高素质、高水平的辅导员群体组成，专业化、职业化程度更高，拥有更高的工作质量和工作效率，呈现出更加优质的育人效果。整个队伍的发展秉持可持续发展原则，在选、用、育、留等环节形成健康的闭环。

（三）大数据时代建设高质量高校辅导员队伍的必要性

1. 实现高等教育高质量发展的内在要求

大数据背景下，中国社会高速发展，在经济、政治、教育等各方面取得了巨大发展成就。进入新时代后，党和国家站在新的历史高度上作出我国经济已由高速增长阶段转向高质量发展阶段的战略判断，并且将高质量发展从经济领域外延至社会各发展领域。2020 年 10 月，党的十九届五中全会将“建设高质量教育发展体系”作为我国进入高质量发展阶段的政策导向和重点要求。[①] 因此，高等教育的高质量发展无论是从遵循建设高质量教育体系的发展要求来说，还是从满足人民对优质高等教育的内在需求来说，都显得尤为重要。

就高等教育自身发展而言，追求全面高质量发展离不开建设高质量的辅导员队伍。以人才培养作为主要职能的高等教育，实现高质量发展的落脚点应该在人才培养活动的高质

---

① 陈宝生：建设高质量教育体系［EB/OL］. http：//www. moe. gov. cn/jyb_ xwfb/moe_ 176/202011/t20201110_ 499068. html.

量发展上。辅导员队伍作为高校教师队伍的重要组成部分，是践行高等教育立德树人根本任务的重要力量，是开展大学生教育、培养具有优秀素养时代新人的主力军，是高校大学生管理工作上不可或缺的重要队伍。辅导员队伍的质量高低直接影响到高校人才培养质量的高低，因此，在高等教育高质量发展的过程中，高校辅导员队伍必须紧紧跟上时代步伐，成为学生工作的高质量管理者。走高质量发展之路。建设好一支高质量的辅导员队伍，不仅能够更高效地保障高校人才培养政策的实施，贯彻落实全方位育人机制和五育并举的培养理念，培养出具有更高文明素养、更强社会责任意识和实践本领、德智体美劳全面发展的新时代大学生，还可以充分体现高等教育发展理念。因此，建设高质量高校辅导员队伍就是实现高等教育的高质量发展的内在要求。

2. 落实立德树人根本任务的客观需要

把立德树人作为教育的根本任务是党从十八大以来对教育提出的新要求。十年育树，百年育人。强国大计，教育为先。“把立德树人作为教育的根本任务”这一重要教育理念创新不仅明确了我国今后教育事业发展的根本任务，也明确了高校人才培养过程中应遵循的教育原则。高校作为培养高层次人才的主阵地，其人才培养质量关系着整个国家人力资源发展的质量。因此，高校必须始终明确“培养什么样的人，怎样培养人”这个首要问题。“立德树人”为高校人才培养确定了总方向，在人才培养过程中，“立德”与“树人”是不可分割的两个主体。“立德”是“树人”的前提，“树人”是“立德”的归宿。

高校辅导员队伍是离学生思想、学习和生活最近的人，是高校开展学生事务工作的关键，在与学生的日常交往中输出自己的育人知识和育人理念。辅导员的现实工作性质决定了其在人才培养过程中不可或缺的作用。建设高质量辅导员队伍，可以帮助高校在落实立德树人根本任务的过程中，更专业地完成学生事务管理工作，更高水平地进行学生教育工作，更有效地将辅导员队伍与其他专业课教师以及行政管理部门组织在一起，发挥立德树人的教育作用。因此，我们应该明确认识到建设高质量辅导员队伍在高校推进立德树人建设的过程中所起的重要作用，建设高质量高校辅导员队伍是落实立德树人根本任务的客观需要。

3. 高校加强工作的现实需要

互联网时代的信息传播渠道多、速度快，大学生每天都在接收着各种各样的信息，接触不同的思想观念，其思想意识十分容易受到全球多元文化与价值观念的冲击。高校作为育人主体，应该顺应发展潮流，不断加强大学生思想教育工作。其中，需要一支高质量辅导员队伍不断发挥其引领作用。高校辅导员最重要的职责之一就是对大学生进行教育和正确的价值观引领。作为与大学生联系最紧密的学生工作管理群体，辅导员可以在日常工作中与学生持续接触和交流，参与学生学习、工作和生活的各个环节，所以他们对学生思想现状和思想变化更加了解，也更加容易在日常种种活动中对学生进行政治、思想、文化和价值观引领。大数据背景下的教育工作面临巨大挑战，高校辅导员队伍应贯彻教育新发展理念，走高质量发展道路。高质量辅导员队伍在职业化和专业化的基础上，具备更高的理想信念和坚定的政治立场，能够准确把握大数据背景下大学生思想行为的特点和规律性，在实际工作过程中能够牢记培育时代新人的育人使命，为高校教育工作护航，有效提高高校人才培养质量。因此，建设高质量高校辅导员队伍是大数据背景下加强高校工作的现实需要。

4. 高校辅导员队伍未来发展的必然趋势

事物总是不断向前发展的，高校辅导员建设制度从提出、建立再到完善，经历了漫长的发展过程。为了适应不断变化不断发展的时代和社会，我们对不同社会时期的辅导员队伍建设有不同的期望和要求。在辅导员队伍建设初期，高等教育人数急速扩大，辅导员队伍规模也在逐渐扩大，由于辅导员队伍职业不规范产生了许多问题。随后，在国家和高校的共同努力下，全面推进辅导员队伍职业化发展，提高了辅导员队伍的稳定性。再后来，党和国家对高校教育工作越来越重视，对辅导员队伍的专业能力有了更高的要求，进而推动辅导员队伍走专业化发展道路。随着我国进入高质量发展阶段，提出了“建设高质量教育发展体系”的政策导向和重点要求。与以往相比，党和国家更加重视高校工作的质量和工作的效果，对高校辅导员队伍所具备的时代使命有了更加全面的认识。因此，为适应时代发展、承担起历史使命和时代责任，保证高校辅导员队伍后继有人、源源不断、实现全面可持续发展。大数据背景下的高校辅导员队伍在基本实现职业化发展和专业化发展后，在党和国家的领导下走高质量发展道路，这是高校辅导员队伍未来建设发展的必然趋势。

5. 辅导员适应时代发展的必然选择

对于高校辅导员来说，高质量辅导员队伍建设发展的过程就是辅导员自身适应时代发展、提高自身的过程。最初，高校辅导员作为高校的政治辅导员，主要职责是管理青年学生教育，而随着时代进步和高等教育的发展，高校辅导员所肩负的职责越来越丰富，也越来越重要。教育部第 43 号令明文规定了高校辅导员九大职责，高校辅导员在日常工作中要富有成效地、有目的性地开展思想教育工作，引导青年大学生形成正确的价值观和理想信念，全面关注学生的综合素质发展状况，及时有效地在学生的学习、生活、心理健康、就业等各个方面给予指导和帮助。但是在日新月异、快速发展的新时代，辅导员面临着更多的挑战与问题。从国家发展来看，我国正处于高质量发展、建设社会主义强国、实现中华民族伟大复兴的关键时期，高校承担着培养高质量青年人才的教育重任。对于高校辅导员而言，如何有针对性地开展工作，正确引导学生看待国际国内问题，形成坚定的理想信念，成为合格的中国特色社会主义建设者和时代新人，是高校辅导员需要深入思考和把握的问题。从高等教育新发展理念来看，高质量发展是当前以及今后的重要主题。高校辅导员需要及时调整自身，将高质量发展理念融入已有的工作态度和工作方式当中，以“生”为本，落实高校立德树人根本任务，培养出适应大数据时代高质量发展的高水平人才。从大数据背景下的学生需求看，大学生思想变化越来越快，对于教育质量的要求越来越高。作为与大学生交流较多的高校辅导员，势必要提高自身的综合素养，加强对新思想的学习，才能跟得上大学生的发展。

三、大数据背景下建设高质量高校辅导员队伍的对策

在大数据背景下建设高质量高校辅导员队伍，一方面需要从国家层面予以重视，从宏观层面组织、引导高质量辅导员队伍的建设，并从社会层面予以辅助；另一方面需要高校从中观层面承接国家发展意志，为辅导员队伍的发展制定各种具体的措施并实施。另外，微观方面辅导员需要加强自身素质和能力的自我提升，为成为高质量辅导员队伍中的一员而努力。本部分主要从国家、社会、高校和个人四个层面提出一些对策建议，希望能对建设高质量辅导员队伍有所裨益。

（一）国家宏观层面

1. 完善相关制度，提供政策支持

纵观我国辅导员制度的发展历史，党和国家一直十分重视高校辅导员队伍建设问题，在各个阶段的发展中，出台了各种政策、制度，根据国情和社会发展趋势确定高校辅导员队伍的发展方向。因此，国家对高校辅导员队伍整体发展的宏观调控是确定辅导员队伍发展方向的决定性因素。

首先，将高质量发展理念融入高校教育工作当中，将建设高质量高校辅导员队伍的重要性、必要性与实现高等教育高质量发展和落实立德树人根本任务联系起来。其次，由教育部或联合有关部委制定出台相应的教育政策和制度，在现有的基础上，将高质量发展理念融入辅导员队伍建设规定当中，融入大学生教育意见当中，融入辅导员职业能力标准当中，以国家意志促进高质量高校辅导员队伍的形成，为高校辅导员队伍的高质量发展提供政策支持。

通过上述举措推动各地方、高校因地制宜地制订高质量辅导员队伍建设实施方案，从而为高质量辅导员队伍提供良好的职业发展环境，切实保障高校辅导员队伍的社会地位。

2. 以社会需求为导向，确定职业专业标准

从国家层面确定辅导员职业的专业学科理论体系。高等教育的高质量发展、大数据背景下对高校教育工作的强调、对高质量辅导员队伍的需要，都表明了目前专业的高质量的辅导员有稳定的社会需求和就业市场需求。因此，国家相关部门可以因时制宜地，以社会需求为导向，从创设辅导员专业学科和建立辅导员职业资格认证标准两方面入手，确定辅导员职业的专业标准。

第一，以试点的方式推动部分师范类高校创设辅导员专业学科。高校辅导员职业是随着中国高等教育的不断发展而逐渐成长起来的职业，具有浓厚的中国特色，现如今，辅导员已经是高校里一个不可忽视的群体了。但由于至今仍没有创建专门的辅导员学科，导致辅导员职业始终缺少一种专业性，缺少像其他独立学科那样系统的专业理论和培养模式。因此，基于服务高校人才培养管理、高等教育高质量发展和经济社会发展的需求，教育部可以以试点的方式，帮助高校设置辅导员专业学科，明确专业培养目标，合理规划师资队

伍、培养方案、课程方案、未来就业发展等，建立健全辅导员本科生、硕士研究生、博士研究生培养体系与培养机制，培养出符合高校辅导员就业市场需求的专门人才。

第二，建立权威的辅导员职业资格认证标准。目前大部分高校辅导员都考有高校教师资格证，部分对职业发展有所规划的辅导员还会考取心理咨询师职业资格证、职业指导师职业资格证等与辅导员职责有关的资格证书。但是这些证书对于辅导员来说并不是强制规定的，也不是完全契合辅导员职业需求的，因此，为保障辅导员队伍的高质量发展，可探索建立权威的辅导员职业资格认证考试，实行辅导员职业资格证书制度，规定未来的高校辅导员必须接受过相关专业教育、系统学习过辅导员专业知识，考取相应的辅导员职业资格证书，接受过辅导员职业相关培训后方能入职，高校也应该严格审核辅导员入职资格，从源头确保辅导员的高质量。

3. 加强监督机制，确保政策的落实

国家有关部门要加强监督，将保障高校辅导员队伍建设的政策落实到位。比如教育部第 43 号令明确规定应该按 1∶200 的师生比例足额配备辅导员数量，但是有些高校却没有达到此标准。又如部分私立的或者民办的高校并没有切实落实对辅导员的岗位补贴。因此，要想顺应时代发展需求，实现高校辅导员队伍高质量发展，有关部门必须与高校进行协调和配合，监督高质量辅导员队伍建设政策的具体落实情况。只有将高质量发展理念真正落实到辅导员队伍建设实践当中，才能切实保障高质量高校辅导员队伍的不断发展和壮大。

（二）社会宣传层面

1. 加强正面宣传，形成浓厚的辅导员文化

要想建设高质量高校辅导员队伍，离不开宽松、和谐的社会环境的支持，离不开对高校辅导员职业的高度社会认同，因此需要从社会宣传层面出发，在全社会范围内加大对辅导员职业的正面宣传，形成浓厚的辅导员文化，加强公众对高校辅导员职业的关注度和认可，形成和谐的舆论环境和社会环境，从而促使越来越多的优秀人才投身于高质量高校辅导员队伍的建设当中。

首先，有关部门应该引导塑造大数据背景下高校辅导员职业的正面形象，指出高校辅导员队伍是在党的领导下，承担大学生教育工作和学生管理工作的重要力量，在大数据背景下具有重要的职业使命和多样的职业角色，在政治高度上获得社会民众对于高校辅导员职业的支持，使人们更加尊重高校辅导员。

其次，要重视新媒体的舆论宣传力量，借助现代媒体和网络技术，加强对高质量辅导员职业形象和职业能力的正面宣传，通过主流媒体在社交平台上或报纸、杂志上介绍优秀的高校辅导员典范，分享优秀的辅导员育人案例、高校辅导员的感人事迹等。例如，大连海事大学的优秀辅导员曲建武老师，由于心中对学生工作的热爱，辞去正厅级职务，回到高校做一名辅导员。曲建武老师在辅导员岗位上兢兢业业，关爱每一位学生，陪伴学生成

长，真正体现了立德树人的意义。曲建武老师的感人事迹在社会上引起强烈反响，他也曾先后荣获“时代楷模”“全国高校辅导员年度人物”等荣誉称号，是高校辅导员队伍的优秀典型，增强了社会民众对辅导员职业的钦佩之情。除了媒体报道以外，还可以鼓励创作以优秀辅导员为主题的影视作品，如全国首部聚焦高校辅导员题材的电影《守望青春》，正是改编自曲建武老师的真实事迹，整部电影充满正能量。这些正面的优秀辅导员榜样不仅鼓舞、温暖了每一位高校辅导员从业者，也使民众更直观地感受到高校辅导员的使命和职责，从而能够引发社会对高校辅导员职业的关注与尊重，在社会上形成浓厚的高校辅导员职业文化，增强社会对高校辅导员职业的认同感。

2. 展现辅导员职业风采，提升社会认可度

除了加强对辅导员职业的正面宣传，在社会上形成浓厚的辅导员文化外，有关部门还可以定期举办区域性的或全国范围的辅导员职业能力大赛、辅导员素质能力大赛、辅导员技能大赛等活动。这类比赛的内容主要围绕辅导员具体职责开展，包括案例分析环节，考察辅导员在日常工作中分析、思考、研判、解决问题的能力以及理论联系实际的能力；理论宣讲环节，考察辅导员对各项思想理论、会议精神等的学习贯彻和宣讲传播能力以及开展大学生教育工作时对于理论知识的运用能力；谈心谈话环节，考察辅导员对学生成长规律和学生个人特征的了解及把握情况以及问题解决能力、教育引导能力、反思总结能力等。

这类比赛的举办，不仅可以提高辅导员自身的专业能力和职业水平，增强育人本领，实现以赛促练、以赛促建，还可以面向社会公开比赛内容和过程，与时俱进，以直播的形式面向社会观众展现大数据背景下辅导员的工作内容、专业素质和专业能力，全方位展现高校辅导员的风采，提升辅导员的社会认可度。

（三）高校建设层面

1. 严格把关选聘环节，兼顾数量与质量

选拔与配备是建立一支高质量辅导员队伍的基础。许多高校几乎每年都在进行辅导员招聘，招聘数量有多有少，这代表辅导员队伍能够补充新鲜的血液，充满活力，但这也从侧面说明辅导员队伍具有较高的流动性和不稳定性。每一年都有许多优秀的人才想进入高校辅导员队伍，高校在进行辅导员招聘时，要秉持着高要求、高质量、对学生高度负责的原则，选拔出符合要求的辅导员，在准入环节就把控好辅导员队伍的质量关。

首先，在数量上，辅导员队伍要保持不小于 1∶200 的师生配置比例。在现实工作中，一位辅导员一般管理一整个年级的学生。当有的学院一个年级的学生人数较多，学院或学校领导应充分考虑辅导员师生比例的科学性，一个年级分配两个及以上辅导员共同管理。辅导员管理的学生越多，那他分配到每一位学生身上的注意力越少，要处理的学生事务也越多，精力难免有所不逮。所以在辅导员配置上，应严格遵守教育部的规定，保持不小于 1∶200 的比例。

其次，在招聘考核上高校应严格把控应聘者的思想意识和专业能力，保证辅导员队伍个体的质量。高校辅导员作为高校教育的主要力量，其核心职能是负责大学生的教育工作，引领学生世界观、人生观和价值观的正确成长，对学生的成长成才具有重大影响。因此，在招聘时，要严格考察应聘者是否真正理解辅导员的工作职责和意义，是否热爱大学生教育工作并且具备专业能力，是否有较高的素质和坚定的职业理想信念。因此，高校必须在选聘这一环节把好关，将并不是真心喜欢辅导员岗位、只是把辅导员岗位当成进入高校工作的捷径和以后转向其他岗位的“跳板”的人隔绝在辅导员队伍之外。

最后，为提高辅导员队伍质量，各高校可依照校情，适当改变辅导员招聘条件。绝大部分高校对于辅导员招聘的硬性要求集中在政治面貌为党员或预备党员、有过主要学生干部或专兼职辅导员工作经历两点。

2. 实施专业化、阶梯化的工作模式，提高工作效率

辅导员的工作职能繁而杂，总的概括为九大职责。然而个人精力有限，当所有与学生有关的事务性工作全部涌向辅导员以后，不但会完全占据辅导员的时间和精力，而且会出现博而不精的情况，不利于辅导员工作的高效化和专业化。高校要想建设一支高质量的辅导员队伍，就必须改善辅导员疲于应对各种事务性工作的情况，转而提高辅导员工作的效率，将辅导员工作进行专业化的分工，通过探索阶梯化的辅导员队伍工作模式，优化辅导员队伍的整体结构。

所谓专业化、阶梯化的辅导员队伍工作模式，是指按照辅导员的工作年限、工作经验和职业能力，将辅导员队伍层级划分为初级辅导员、中级辅导员和高级辅导员三类，与工作内容相对应，层级越高的辅导员负责的工作内容越专精。初级辅导员一般处于工作初期，正在适应和探索整体工作，其主要工作是将自己所掌握的专业知识和理论与岗位相关业务一一对应，主要负责日常的学生事务管理，班风学风建设、教育等工作，为达到下一个层级积累相关工作经验。中级辅导员的工作年限更长，工作经验更加丰富，到达职业成长期，更加清楚自己今后的职业发展道路，开始有目的、有所侧重地专攻自己在某一方面的工作能力，如有的辅导员选择成为专业的教育老师，有的辅导员选择成为心理健康教育与咨询师，有的辅导员选择成为职业规划与就业创业指导师，通过确定一个主攻方向进行职业化发展。高级辅导员在中级辅导员的基础之上，对于学生事务管理工作有更深层次的理解，能够将工作经验转化成理论，在自己所主攻的专业领域内成为专家型辅导员。这样的专家型辅导员不仅可以钻研辅导员工作理论，更重要的是可以为初级辅导员进行培训，实行资深辅导员的“传帮带”培养工作，可以成立辅导员工作室，带领年轻的辅导员团队进行科研任务和理论研究，成为初级辅导员前进的榜样和目标。资深辅导员对于学生工作管理有更丰富的经验，这些经验是在多年的辅导员职业生涯中磨炼和积累出来的。当学校发生了紧急事件，学生遇到了意外事故，辅导员团队中需要站出一位领头人，带领大家一起解决问题。

这种专业化、阶梯化的辅导员工作发展模式有利于将有经验、有能力的辅导员从繁杂

的事务性工作中解放出来，提高工作质量，增强辅导员工作的专业性，并且充分尊重个体的发展潜能，让辅导员个体在工作中确定自己的职业化发展道路。这种发展模式不仅能够增强年轻辅导员的工作积极性和工作动力，增强职业认同感，也可促使辅导员队伍进行良性运转，更具有职业发展生命力。

3. 针对实际需求，构建科学有效的培养机制

建立合理完善的辅导员培训机制是建设高质量高校辅导员队伍的有力保障。

第一，强化培训意识。高校必须认识到，对辅导员进行专业培训是保障辅导员队伍能力建设的重要手段。强化培训意识，首先要重视岗前培训。虽然每一位新入职的辅导员在招聘环节都经历了严格的选拔，但并不表示他就能够立刻适应工作，马上投入实际岗位中，所以高校必须对所有的新入职辅导员实施集中、专业的岗前培训。在岗前培训中，通过主题报告、工作研讨、团体辅导和新老辅导员经验分享讲座等培训形式，有针对性地帮助新辅导员尽快适应岗位要求，明确岗位职责，根据所在高校的实际情况了解工作要求，快速提升岗位适应能力。其次，不能忽视职后培训。时代的发展，学生工作的复杂多变，都要求辅导员时刻注意提高自己的能力素质，高校必须尽可能地为辅导员的能力提升和进修提供渠道。

第二，丰富培训内容和培训模式。根据辅导员的实际工作状况，高校可以建立多元化的培训模式，通过调查了解辅导员的实际培训需求，结合大数据背景下发展需要，确定培训内容。再根据培训内容，开展专题培训，设定一部分的必修专题，其余的为选修专题，使辅导员可以根据自己的实际需要有针对性地强化自己。学习方式也可灵活选择线上进行或是线下进行。除了常规的讲座和论坛培训形式，还可以采用情景式教学、体验式教学、以会代训、以课代训等方式，以便辅导员切身感受学生实际情况，拓宽工作思路，在实践中拓宽学习视野。对于年轻辅导员，应适当增加他们与老辅导员的交流，充分发挥老辅导员“传帮带”的指导与培训作用。除了校内的培训，还可以有计划地组织各学院辅导员外出参加集体培训，加强与其他学校的优秀辅导员的交流，更新教育观念，互通有无。

第三，为专业性发展提供培训渠道。针对日后想在职业化道路上专业化发展的辅导员，高校应该为其保驾护航，提供相应的培训渠道。比如有辅导员想深耕心理健康教育，成为专业的心理健康教育辅导员，又或是想成为职业规划与就业创业指导师，那么高校可以为这类辅导员设立一系列深度的培训，鼓励辅导员积极考取相关职业资格证书，帮助辅导员实现专业化发展。

第四，积极听取培训反馈。积极听取辅导员的培训反馈，可以明确培训效果，了解培训是否对辅导员的工作有帮助，是否能够满足辅导员的工作需求，了解辅导员在培训中的体验与获得的感触，最重要的是从辅导员口中真实地了解到培训存在的不足之处，便于高校汲取经验教训，在以后的培训中进行改善和加强。

4. 畅通发展渠道，拓展职业发展空间

高质量的辅导员队伍应该具备宽阔的职业发展空间。高校在辅导员队伍建设过程中，

应该根据辅导员职业的特性灵活扩展多条发展渠道，建立健全高校辅导员的晋升机制、发展机制，使高校辅导员对自己职业的未来发展充满信心，最大限度地激发辅导员职业发展道路上的内在动力。

第一，真正落实辅导员“双线”晋升要求和“三单”评聘要求。教育部第43号令明确规定了高校辅导员具有大学生教育者和高校工作的管理者、组织者的双重身份，对辅导员实行教师和管理干部的“双线”晋升。高校应当落实辅导员的“双线”晋升要求，按照辅导员的个人意愿和能力选择的职业发展方向，无论辅导员未来想继续在一线辅导员岗位深造，还是想成为专职教师，或想成为高校干部，都要畅通相关职务（职称）晋升通道。其中还应注意到高校辅导员岗位的特殊性。高校辅导员的工作内容涉及的要素过多、过杂，很多时候不能单纯地以量化的方式表示出来，如果在晋升评比时将高校辅导员直接与专任教师分为一类，或直接与行政管理人员分为一类，那么肯定存在一定的不公平。因此，对于高校辅导员的专业技术职务（职称）评聘工作应该落实“三单”评聘要求，即单列计划、单设标准、单独评审。根据辅导员实际工作内容量身定制评聘实施办法，设立统一的辅导员评聘标准，在辅导员之间进行专业比较，并且成立单独的辅导员专业技术职务（职称）评聘小组，让真正了解高校辅导员工作的专家和高校管理人员对辅导员的工作实绩和育人成效以及其他各方面工作做出专业性评估。

第二，重视辅导员职业发展生涯规划。辅导员如何进行职业生涯规划，会影响整个辅导员队伍发展的水平、深度和质量。为稳定辅导员队伍，鼓励辅导员长期在本职工作上做下去，建设可持续发展的高质量辅导员队伍，高校应该根据辅导员的职业发展特点，制定并实施相关政策，帮助辅导员进行职业发展生涯规划。比如，高校应该鼓励本校的辅导员继续攻读与辅导员职业相关的专业硕士学位或博士学位，在辅导员做好本职工作的基础上，为辅导员提供便利条件；鼓励辅导员积极进行职业规划，按照自己的专业特长选择适合自己的专业发展方向，支持辅导员考取与本职工作直接相关的各类职业资格证书，如高校教师资格证、心理咨询师职业资格证、职业指导师职业资格证等，以打造一支高质量的专家型队伍，并设立专项经费报销辅导员考证的学费和培训费用；鼓励辅导员提高科研能力和学术能力，支持辅导员结合工作实践申报与大学生教育相关的、与学生工作相关的课题研究，支持辅导员发表与教育管理有关的学术论文，对辅导员开展相关科学研究设立专项经费支持，培养出一批有极高理论水平和实践能力的高职称辅导员。

第三，辅导员数量逐年增多，辅导员队伍也呈现年轻化趋势，部分辅导员没有足够的精力在辅导员岗位长期做下去。因此，高校也需要为这部分辅导员提供科学合理的退出保障机制。第一，辅导员岗位可以双线晋升，辅导员可以根据自己的职业特长和能力，选择转岗成为专业教师。第二，将整个辅导员队伍看作高校行政和党务部门的“人才基地”，对于有转岗意向的辅导员，高校可将其调往行政管理部门任职，或支持其到地方基层或党务机关就业。第三，鼓励辅导员培养自己的核心竞争力，在转岗后选择往专业职业咨询师、心理咨询师类方面发展。

5. 重视职业交流，打造多样化交流体系

辅导员作为一个社会交往性较强的工作岗位，在实际工作中切忌闭门造车，但这却是许多辅导员的工作现状，即将自己沉浸在大大小小的学生事务中，缺少与优秀同行、前辈榜样之间的深度交流。“尺有所短，寸有所长”，高校应该打破学院与学院之间、学校与学校之间的隔阂，重视发展辅导员队伍之间的交流体系，围绕高校工作的重点和难点，结合大数据背景下培养高质量人才的需要，积极打造多样化的辅导员交流体系，为建设高质量高校辅导员队伍提供坚强保障。

第一，组建辅导员年级工作组，加强校内辅导员之间的横向沟通交流。高校内，不同年级归属的学生具有不同的管理重心，比如对新生和毕业生的管理工作就存在很大的区别。组建辅导员年级工作组，可以根据辅导员管理的学生所对应年级的特点，通过小组讨论、每周研究和月底总结等方式进行协同交流，聚焦教育管理的重心，总结学生管理工作中的重难点和热点问题，统筹资源，有效提高工作效率和育人水平。

第二，推动成立辅导员志趣发展小组。辅导员志趣发展小组主要围绕教育部第 43 号令明确规定的辅导员九大职责建立，高校可以鼓励辅导员按照自身兴趣特长以及日后期望进行专业发展的方向，加入对应的志趣发展小组，与其他同类型的辅导员一起交流探讨工作经验，从而更好地发展自身的工作特长，明确职业未来发展方向，提高育人实效。

第三，培育和建设辅导员工作室。辅导员工作室是提高辅导员职业能力和专业化水平、进行学生工作理论研究和实践创新的重要平台。首先，专业的辅导员团队可以针对学生管理工作的重点、难点进行专题研究，围绕一定的方向进行课题研究和理论创新，并且要能够将理论研究成果转化为实际措施，及时运用在学生管理工作当中。其次，辅导员工作室的带头人可以带着团队向专家型辅导员团队发展，通过论文、专著、讲座、研讨会等形式将工作室的教育研究成果进行推广，起到示范引领的作用，从而带动更多的辅导员进行专业化发展，切实提升辅导员育人效果。

第四，积极举办辅导员学术沙龙和学术论坛。高校应积极举办辅导员学术沙龙和学术论坛等大型交流活动，围绕一定的主题进行理论研究和经验分享，或鼓励支持本校辅导员外出参会，加强辅导员的校际沟通交流。通过向领域内有影响力的专家型辅导员学习，沟通交流，可以更新辅导员自身的教育观念，提升自己发现问题、研究问题的能力。①

6. 健全激励保障机制，激发内在动力

为保障高校辅导员队伍的高质量育人成果，高校在辅导员队伍建设过程中必须拥有健全的激励保障机制，重视从精神和物质两方面激励辅导员队伍高质量发展。

第一，重视对辅导员的精神激励。精神激励很好地体现出精神和行为的相关性，表现为外界组织或他人通过激发个人的理想信念，肯定其努力，赋予荣誉，使其有被期望感等行为，对个人的精神状态和行为倾向产生积极的影响和导向。因此，精神激励是高校辅导

---

① 潘红涛. 新时代高校辅导员队伍高质量发展路径研究［J］. 北京教育（高教），2021（04）：61-64.

员激励保障体系中非常重要的一部分，通过精神激励可以最大限度地激发辅导员的内在动机，使辅导员产生强烈的、持久的精神动力。

首先，在日常管理中，高校要重视提高辅导员的党性修养，坚持以党的科学理论武装辅导员的头脑，将实现中华民族伟大复兴的中国梦和培养社会主义时代新人的历史使命和时代要求融入对辅导员的理想信念教育当中，将高校辅导员的职业使命与时代使命联系在一起，让辅导员有光荣的职业梦和崇高的使命感。其次，构建科学有效的培养机制，畅通辅导员的发展渠道，使高校辅导员对自己职业的未来发展充满信心，坚定自己的职业发展道路。最后，高校要从领导层面上肯定辅导员的工作，体现出对辅导员队伍的高度重视。例如，通过开展辅导员职业技能大赛，展现出辅导员的职业风采；对于工作优秀的辅导员赋予年度优秀辅导员、十佳辅导员等荣誉称号，在全校、全地区范围内树立优秀辅导员榜样，宣传辅导员优秀事迹，使辅导员产生强烈的职业荣誉感；学校或学院领导在日常工作中要加强对辅导员的关心与重视，体现积极的人文关怀，关心辅导员的工作环境、人际关系、师生关系、辅导员的生活和心理问题等，加强辅导员队伍的凝聚力。

第二，经济基础决定上层建筑，相对于精神激励，对辅导员的物质激励也是建设高质量辅导员队伍中的重要手段。适当提高辅导员薪资待遇，按规定发放辅导员岗位补贴，改善辅导员工作环境等，都是行之有效的物质激励方式。

相比于同校的专任教师和行政管理人员，高校辅导员的工资待遇并不是很高，这不仅会影响在职辅导员的工作积极性，更会影响还没进入这个队伍的优秀人才对辅导员队伍的向往。因此，高校应该根据地方实际情况，在政策范围内适当提高辅导员的工资待遇。首先，除基本工资以外，高校应该结合实际情况每个月发放一定数额的辅导员岗位津贴。其次，学校或学院应设立专项经费，用于奖励获得重大奖项、重大荣誉，工作能力突出、有优秀育人成果的优秀辅导员，使辅导员获得精神和物质的双重激励。另外，高校应该加强对辅导员工作环境的重视，体现在辅导员是否拥有良好的办公环境、是否有辅导员专属的活动场所等。辅导员办公室是学生与辅导员交流最多的场所，经常会出现好几个学生一起到辅导员办公室咨询问题的情况。因此，高校应该重视改善辅导员的办公条件，合理分配办公室资源。基于工作特性，辅导员经常需要和学生谈心、谈话，或与其他辅导员一起沟通交流。所以高校可以考虑为辅导员建设专属的活动室，或“辅导员之家”，为辅导员的工作及活动提供更方便的空间，提升辅导员的工作幸福感。此外，辅导员有时很晚都还在办公室处理学生工作、参与学生活动，所以在条件允许的情况下，高校应尽量保障辅导员的餐饮和住房问题，分配相应的辅导员宿舍，或给辅导员发放一定的住房补贴和餐饮补贴。总之，高校要充分考虑对辅导员队伍的人文关怀和物质补贴，为辅导员创造稳定的工作环境。

（四）个人能动性层面

1. 保持积极的身心状态，提升职业认同感

职业认同感贯穿于职业成长的每一步。俗话说，“三百六十行，行行出状元”，每一种职业都有其存在的价值和意义。对于个人来说，选择成为辅导员，就必须对其有正确的岗位认知。大数据背景下的高校辅导员队伍承担着培养时代新人的光荣使命，肩负引领高校大学生形成正确的思想认识和价值理念的重任。如果个人在进入这个岗位时没有形成正确的认知，认为这仅仅只是一份谋生的工作，只要具备相关知识和能力，人人都能做，但是却不认同辅导员职业具备的价值，那么他就不会理解工作的意义，在处理学生工作时也就没有思想目标，很快就会出现职业倦怠。当辅导员自身具备了高度的职业认同感，在工作时也就能发挥其独特的立德树人的作用。

另外，面对他人的不理解和不认同，辅导员要保持积极的身心状态，提升职业认同感。外界和大众对于辅导员的认识并不完全是积极的。他们不清楚辅导员在高校教育工作中发挥的重要作用，只是表面地认识到辅导员工作的繁忙与琐碎。学生家长可能将辅导员视为孩子在学校里的“保姆”，甚至高校其他行政人员也将辅导员视为“下级机构”，所谓“上面千条线，下面一根针”，任何与学生有关的事务都推给辅导员去执行。这时，部分辅导员就会受到消极影响，对工作现状感到厌烦，觉得自己承受不了工作压力。因此，辅导员自己要认同自己的工作，减少外界对辅导员职业存在的“偏见”，保持积极的身心状态，专心在职业领域内提升自己。

辅导员工作固然很累，现实中工作内容也许确实超过了规定的职责范围，或者在工资待遇上达不到自己的期望，导致部分辅导员不愿意长久地从事这个工作。但是对于辅导员个人来说，既然选择了成为一名辅导员，就应该尽职尽责，形成自己的职业认同感，了解清楚辅导员工作的意义，理解辅导员的工作性质，不良情绪不仅会影响工作质量，更会对学生的成长成才产生严重的影响。辅导员更多的是做学生工作，想要长久地坚持下去绝对少不了一颗热爱学生的心，如果过于功利，那肯定会出现问题。所以，对于辅导员个体来说一定要调整好自己的心态，保持积极的职业认同感。

2. 加强专业学习，积极寻求自身专业发展

作为高校工作的重要抓手，辅导员不仅在生活上是学生的保障，而且是学生思想上的人生导师，要帮助学生掌握好自己思想的方向盘，只有思想方向不搞错，学生才能健康发展，成长成才。要想在思想上引领学生，辅导员自己要具备较高的专业知识储备和坚定的理念，深刻了解现代教育的理论和方法、了解大学生教育相关学科的理论知识和方法、掌握马克思主义基本原理及中国化成果、敏锐地把握国家路线政策方针等。

高校辅导员是一份对综合能力要求很高的职业，除了在工作中不断加强对专业知识的学习，还需要不断提高自己的业务能力。学生工作是复杂的，而且很多时候具有突发性，所以，作为一名高质量的辅导员必须提高自己所需的职业能力，比如在与学生谈心谈话和

进行心理疏导的过程中，辅导员需要拥有良好的表达能力和观察与分析能力，在与学生进行沟通交流时，要懂得如何更好地表达自己的需求和要求、在交流过程中观察学生的状态与情绪，掌握学生思想动态，了解学生，知道学生在想什么，站在学生的角度思考学生做出某种行为的原因是什么。在班级管理过程中，要注意运用大学生教育相关学科的理论知识和方法对学生进行教育和管理。在进行班级党团建设、进行网络教育、应对校园危机事件、指导学生进行职业规划与就业创业等过程中，都需要辅导员不断运用相应的专业能力和专业知识。此外，科研能力也是辅导员不可忽视的。试想一位辅导员能够走进学生内心和学生打成一片，了解学生，对学生工作管理得当，同时教学水平高，科研方面也有所成就，能在学生学习过程中给予指导和建议，这样的辅导员自然能够得到学生喜欢，辅导员自己对工作也更有责任感和成就感，从而能够长久地在职业道路上前行。因此，辅导员必须有提升自己的意识，主动、积极地提高自己的各方面能力，在工作实践中有意识地锻炼自己，不断加强学习，积极参加学校组织的各项培训，做好职业规划，工作之余更好地充实自己，掌握更多的专业知识和技能。

第四章　大数据背景下辅导员职业化成长的管理工作

新时代背景下，大数据技术已经逐渐进入教育领域，这股技术的时代潮流正在日益变革着传统的教育教学方式。辅导员职业化成长中最显著的表现形式为管理工作，在这一领域，借助信息化手段，可以清晰地绘出大学生的“数字画像”。大数据技术对管理的主体、客体、环境、载体、工作目标和方式等都带来了深刻的变革，使得高校育人工作面临着新的境遇和挑战。本章将对职业化成长中两个重要管理模式进行分析，分为育人管理工作及应急管理工作两类。

第一节　大数据背景下辅导员职业化成长的育人管理工作

一、育人管理工作概述

（一）概念界定

1. 管理的含义

管理是伴随着人类社会的产生而存在的概念。共同劳动离不开管理，管理广泛存在于现实社会生活之中。马克思所说的这种在共同劳动中协调组织活动的指挥劳动被称为管理的自然属性。管理不仅具有自然属性，还具有社会属性。“管理作为合理组织生产力的自然属性和在一定生产关系下所体现的社会属性”①，这两种属性被称为管理的二重性。管理的自然属性为我们学习、借鉴发达国家的管理经验和方法提供了理论依据，管理的社会属性告诉我们，在学习借鉴的基础上要充分考虑本国的国情。管理的二重性揭示了在日常生活中研究管理的必要性，通过管理帮助我们提高日常生活的有序性和效率。

在管理学中，有着不同的管理学派，他们关于管理的定义各不相同。亨利·法约尔指出：“管理就是计划、组织、指挥、协调以及控制。”② 哈罗德·孔茨认为：“管理是设计并保持一种良好环境，使人们在群体状态下高效率地完成既定目标的过程。”目前中外学者比较认同的观点是管理“是一个协调工作活动的过程，以便能够有效地同别人一起或通过别人实现组织的目标”③，“是对组织的资源进行有效整合以达成组织既定目标与责任的动态

---

① ［法］亨利·法约尔．工业管理与一般管理［M］．王莲乔，吕衍，胡苏云译，成都：四川人民出版社，2017.

② ［法］亨利·法约尔．工业管理与一般管理［M］．王莲乔，吕衍，胡苏云译，成都：四川人民出版社，2017.

③ ［美］海因茨·韦里克，哈罗德·孔茨．管理学全球化视角［M］．马春光译，北京：经济科学出版社，2004.

创造性活动"①。根据以上管理学的经典观点，我们认为管理是管理者通过计划、组织、指挥、协调、控制等手段，有效整合组织的资源，以实现组织目标的创造性活动过程。

2. 高校育人管理的含义

"管理是所有的人类组织都有的一种活动"②，高校作为社会实践的重要场所，也是管理活动的重要场所，其最终目的是实现人才培养目标。高校管理要以实现人才培养目标为方向，管理工作有序推进，有助于高校教育目标的实现和教育质量的提高。

培养什么样的人，如何培养人，历来是教育的根本问题。根据党和国家的要求，高校要把立德树人作为教育的根本任务，这为我国人才培养指明了方向。高校管理作为人才培养的重要载体，承担着重要育人责任，必须重视发挥高校育人管理作用，将育人管理的成效作为高校育人工作成效的重要参考。

有学者将高校管理作为育人的重要载体，认为高校育人管理是"高校管理部门及其管理人员立足大数据背景，围绕立德树人这一中心环节，通过有目的、有计划、有组织地对管理对象施加教育影响，促使其思想水平、政治觉悟、道德品质、文化素养趋向学校育人目标的实践活动"③。有学者从管理的本质、过程、目标和形式上概括高校育人管理的含义。高校育人管理要为高校人才培养创造良好育人环境，要在管理过程中融入时代要求的育人理念，落实立德树人的育人目标，育人管理的主体要有高度的思想理论认同，并通过教育管理活动传递正确的思想，使大学生成长为大数据时代主力军。

对育人管理的内涵进行符合时代要求的新阐释，是推动育人管理与时俱进的必然要求。结合大数据时代的育人要求和学者的观点，我们认为对育人管理进行新阐释要注意以下几个方面：其一，育人管理的实质是以管理为载体开展的教育活动；其二，育人管理要坚持以立德树人为根本任务，培养德、智、体、美、劳全面发展的社会主义建设者和接班人；其三，管理者要有坚定的理论认同和思想认同，在管理工作中引导学生树立正确的世界观、人生观、价值观。综上，我们认为高校育人管理是指管理部门及其管理人员在管理活动中，运用计划、组织、指挥、协调和控制等管理手段，对管理对象的行为习惯和思想品德施加影响，使其成长为符合社会发展要求的人才，实现立德树人目标的过程。

（二）辅导员育人管理内涵

由于我国特殊的国情，高校学生管理工作主要是依靠辅导员来具体落实。自 20 世纪 50 年代辅导员制度建立以来，其工作的内容随着高校管理工作的不断扩展变得越来越复杂，辅导员角色也不断演变。本节通过厘清辅导员的角色定位，分析其管理职责，并结合其工作的育人要求，进一步明确高校辅导员育人管理内涵。

---

① ［美］斯蒂芬·P. 罗宾斯，［美］玛丽·库尔特. 管理学（第 7 版）［M］. 孙健敏等译，北京：中国人民大学出版社，2004.

② 芮杰明. 管理学：现代的观点［M］. 上海：上海人民出版社，2005.

③ 李惠娥. 新时代高校管理育人的现实困境及实践路径［J］. 扬州大学学报（高教研究版），2021（04）.

1. 高校辅导员的角色定位

有关辅导员角色研究由来已久，研究成果大致从岗位性质和工作职责两个方面论述。基于岗位性质的研究总的来说有“单一身份说”和“双重身份说”。其中“单一身份说”是指辅导员是政治辅导员。这一时期高校辅导员工作延续革命时期政治指导员工作，在高校发挥政治指导作用。随着高校的改革发展，辅导员角色定位也有了新的变化，“单一身份说”已经不符合当前对辅导员的定位。随着高校学生事务管理的发展，高校学生事务逐渐增多，学生事务管理部门开始分流，但学生事务管理的落实需要辅导员协助或主导。这使辅导员管理工作的范围扩大、内容增多，辅导员的管理者身份越来越突出。

基于工作职责的研究内容大致有思想引路人、职业规划师、心理疏导员、日常行为管理员等。关于辅导员队伍建设的最新文件将辅导员工作职责分为“思想理论教育和价值引领、党团和班级建设、学风建设、学生日常管理、心理健康教育与咨询工作……”等九个方面。大数据背景下，学者对辅导员工作职责的研究也集中在这几个方面。比如，有学者认为辅导员是大学生学业的指导员、理论讲解员和宣传员、人生导师、职业规划师、心理疏导员和日常行为的管理员。

综合以上关于辅导员角色研究的相关内容，辅导员具有教育者和管理者双重身份，其中教育者身份是辅导员的核心身份，其管理者身份要以教育者身份为统领。另外，辅导员要发挥思想引导、职业规划、心理疏导、日常管理等作用。

2. 高校辅导员的管理职责

辅导员作为学生日常事务的管理者，对学生日常教育管理具有非常重要的作用。刘在州指出，辅导员作为学生生活秩序的管理者，其管理职责具有不可替代性，其对生活秩序的管理主要是对学籍、学习、生活、奖励、处分等方面的管理。有学者认为，辅导员的管理者角色主要通过对日常事务和突发事件的管理发挥作用……对日常事务的管理包括班级管理和学生日常管理。有学者认为，辅导员作为高校学生工作管理者，其工作开展要以管理为载体，利用组织纪律、规章制度等将管理的要求内化为学生自觉意识，外化为对学生的行为的约束，解决学生思想问题和实际问题，满足学生发展需求。国家关于辅导员的政策文件明确规定了辅导员的管理职责。《普通高等学校辅导员队伍建设规定》指出，辅导员的学生日常事务管理主要包括开展入学和毕业、军训等方面的工作；评选奖、助学金，办理助学贷款，组织勤工助学活动；提供生活指导等。

结合学者的观点和国家政策文件规定，辅导员管理工作是指以班级为单位开展的日常管理工作，这种日常管理指的是平常、经常，甚至是每天都要做的常规性管理。此外，就业指导、心理咨询等属于专业性和服务性较强的工作，辅导员主要是发挥辅助作用。因此，辅导员日常管理工作应当包含评奖评优、惩罚处分、帮困助学等与学生日常学习生活相关的活动。我们认为高校辅导员日常管理就是辅导员运用计划、组织、指挥、协调和控制等管理手段，对以班级为载体的评奖评优、惩罚处分、帮困助学等方面进行有效整合，实现高校管理目标的创造性活动过程。

3. 辅导员育人管理的含义

高校辅导员育人管理是指辅导员在落实管理任务的基础上加强育人教育。辅导员的育人管理工作强调的是育人式管理，要以高校工作为指导，以实现高校育人目标为最终目的。

高校辅导员育人管理工作关乎立德树人根本任务的实现，关乎我国人才培养质量的提高，是高校育人工作的重要抓手。辅导员作为高校工作者，其工作事关育人目标的实现，必须牢记自己的育人职责，围绕育人职责开展工作。辅导员育人职责的落实需要依托一定的载体，应当兼顾教育者和管理者的双重身份，将管理工作和教育相结合，更好地发挥育人职责。综合上文对高校辅导员日常管理和高校育人管理的内涵界定等辅导员的双重身份，我们认为对高校辅导员育人管理进行界定要考虑以下几点：其一，辅导员育人管理是一种以日常管理为载体的育人活动；其二，辅导员育人管理要围绕立德树人的根本任务，坚持正确的育人方向；其三，辅导员在管理过程中对学生的思想品德和行为习惯进行塑造，引导学生树立正确的世界观、人生观、价值观。综上，我们认为高校辅导员育人管理是指高校辅导员运用计划、组织、指挥、协调和控制等管理手段，以日常管理为育人载体，培养学生良好的行为习惯和思想品德，最终实现立德树人目标的过程。

二、大数据背景下育人管理工作的现状与意义

（一）大数据背景下学生管理工作发展现状

在现今大数据时代，信息传输的及时性、信息渠道的多元性以及信息互动的便利性都对辅导员传统的学生管理思维和方式产生冲击和影响，但由于学生管理工作内容繁多、事务烦琐，高校辅导员学生管理工作一直没有实现真正意义上的数据化和信息化建设。部分高校辅导员在思想上对大数据应用存在一定的认知偏差，认为这是专业技术人员的主要任务，在自身的学生管理工作中用不到大数据，缺乏用数据思考和管理学生的意识，应用大数据技术的观念薄弱，以致辅导员学生管理工作中尚未建立与健全大数据管理理念和方法，导致辅导员在效率低下的环境中缺乏对数据的应变能力。很多高校管理人员也未意识到大数据时代的到来对学生管理工作变革与创新具有的重要意义，未对变革做相应的准备。不同专业间都用同一种学生管理工作模式，没有兼顾专业的差异性，没有对学生教育管理工作进行详细的划分和设定，使学生管理工作变得表面化①；另外，一些高校对大数据设施的建设不足，硬件、软件都存在欠缺，且高校往往将财务预算在科研、学科建设等方面投入较多，忽略对辅导员的科学化学生管理工作的投入，进而导致管理工作中数据资源的安全得不到全面、有效的保障。

1. 机遇

大数据和高等教育的融合教学，已成为教育深化改革和创新的新引擎，大数据的新技

① 张晗．大数据时代高校辅导员学生管理工作探究［J］．科技资讯，2022，20（06）：232-234.

术、新环境、新思维都使辅导员的职位塑造、管理工作创新面临新的机遇，辅导员学生管理工作也将被赋予新特点、新内涵和新模式。在以往的学生管理过程中，辅导员不仅要管理数百个学生，还要对学生的心理健康、身体健康、学业等管理信息进行全面了解与收集，很难对每位学生做到全面的关注，也使学生管理工作无法精细化。但大数据相关技术的应用，能从根本上解决辅导员管理工作的时间和空间限制，减轻信息收集工作量，对学生的管理也不再仅依靠多年经验，而是能更加科学、准确地判断学生的价值取向、行为动态等，促进辅导员对学生管理工作的精细化、个性化。借助相关软件还能实时掌握学生的出勤情况、课后练习情况以及迟到、早退问题，加大辅导员对学生的管理力度。基于数据分析能对特定学生群体或辅导员提供适合其思想需求特点的个性化培养方案，有助于促进辅导员的个性化养成教育。一定时期的数据分析，不仅能反映学生群体或辅导员的思想变化，还能为相关科研人员开展辅导员职业化能力的培养提供参考依据。

2. 挑战

相比传统的工作模式，基于大数据的高校辅导员学生管理工作有着翻天覆地的变化，如教育理念更加多元、工作内容更加复杂、方式更加丰富等。这不仅对高校辅导员建设提出更高的要求，也对辅导员自身的管理能力、信息素养等多方面能力提出更高的要求。面对发展迅速的信息时代，高校辅导员在传统教育观念的长期影响下，能否及时跟上信息更新和数据传播的速度是辅导员面临的新挑战。在该管理模式下，辅导员需具备一定的大数据技术应用能力才能将所需的信息从海量的数据中搜索并整理出来，这对辅导员大数据与工作能力都是一项严峻的考验。① 大数据时代的发展要求辅导员关注大数据的发展，发现大数据的应用价值，善于思考自身对大数据的了解与应用等，虽然各高校对此采取一系列的措施，但客观地讲，辅导员的管理工作创新与发展仍存在较多的瓶颈和阻碍，如何提升其职业能力满足大数据时代所需，是亟待解决的难题。部分大学生对网络中虚假信息的辨识度不足，稍有不慎，就会被骗入虚假信息的大泥淖，在虚拟的世界中学生可能会逐渐失去理想与信念，产生不健康、不正确的念头，这对学生的心理健康和身体健康都有极大的危害，辅导员需多关注学生的学习生活和日常生活，时刻警惕学生是否过于依赖、沉溺网络世界，并及时开导、帮助学生找出问题的原因，增强校园网络安全性。大数据的使用也带来了技术难题、隐私保护和安全问题，高校需加强对数据的监督和保密，将大数据应用的安全控制在合理的范围内。

（二）大数据背景下辅导员育人管理工作的意义

大数据背景下，高校大学生的思想更加活跃，创新和求变意识更加强烈，同时，学生的社会竞争环境也更加激烈。相比于传统的学生管理工作，目前管理的难度更大，传统的管理方法和模式已无法适应大数据时代高校大学生发展的新特点。只有正视大数据环境下

① 邓锐．大数据背景下高校辅导员学生管理工作的挑战与策略［J］．国际公关，2022（07）：22-24.

的这种变化，并不断创新高校辅导员的学生管理工作，才能促进教学与管理水平的提高，助力学生的健康发展。在学生管理工作中充分利用大数据信息技术，能借此实现对管理工作内在价值的挖掘、对管理成本的有效控制以及对高校经济压力的有效缓解。当前社会的自由度和开放性提升，学生接触不良风气、被不正确思想观念左右的可能性也明显增加，很容易影响到学生的身心健康，甚至荒废学业。因此，更需要辅导员给予学生正确、及时的引导和全面、高效的管理。大数据时代每天都会产生大量数据，辅导员的学生管理任务更加繁重。而大数据技术的应用有助于提高辅导员的学生管理效率和水平，增强辅导员对数据的处理能力，减少数据的计算错误和丢失等问题，通过数据分析实现对学生管理进行科学决策。随着高等教育的发展，高校之间的教学与管理竞争加剧，大数据的应用有助于完善学生管理体系，推动学生能力的发展，不断创新教学管理的各个环节，提升各个管理环节的实时性和智能性，加强院校教学管理的实力和竞争力，更好地提高院校的发展水平。①

三、大数据背景下辅导员职业化成长育人管理工作的体现

高校辅导员育人管理是指辅导员运用计划、组织、指挥、协调和控制等管理手段，以日常管理为育人载体，培养学生良好行为习惯和思想品德，最终实现立德树人目标的过程。在明晰高校辅导员育人管理内涵的基础上，有必要进一步研究探讨辅导员育人管理的具体体现及其价值意义。

高校辅导员育人管理是指辅导员通过班级这个载体对学生的日常事务如评奖评优、惩罚处分、帮困助学等方面进行管理并在管理实践中展现出不同的育人形式，具体而言主要包括通过日常化形式塑造学生的价值观、通过有序化手段规范学生的行为习惯、通过渗透性活动营造良好的育人环境等。

（一）通过日常化形式塑造学生的价值观

大学生的价值观塑造尤为重要，高校要抓住大学生价值观形成的关键期，通过日常化形式塑造学生的价值观。价值观不是一成不变的，要随着时代的发展不断调整。另外，同一时代的价值观还存在多元化。价值观的时代性和多元化要求高校要选择符合时代发展要求的主流价值观，并以此为基础对学生进行价值塑造。高校要以社会主义核心价值观影响和塑造学生的价值观。作为教育者，辅导员工作的“主业主责”是思想理论教育和价值引领，不管做什么工作都要牢记教育的使命。辅导员在日常管理中要以教育为统领，以社会主义核心价值观为导向，赋予日常管理以育人的内涵，实现教育者和管理者双重身份的统一。

第一，要促进社会主义核心价值观的日常化。社会主义核心价值观是对生活实践中的

① 翟思睿．大数据视角下改革创新辅导员学生管理工作的路径研究［J］．山西青年，2020（09）：225.

价值需求的凝练升华，是整个社会的共同价值追求。社会主义核心价值观来源于人们的生活实践，寄托着人们对美好生活的向往，并且成为人们对自身的价值要求和行为习惯。同样，社会主义核心价值观作为一种社会共同价值追求，要对人们生活发挥作用，就要采取生活化的表达方式，只有与人们的日常生活相关联，才能让日常生活主体更容易认同和接受。为此，辅导员在日常工作过程中要注重将社会主义核心价值观融入具体管理工作中，将社会主义核心价值观内化为学生的自我追求、外化为学生的自觉行动。

第二，要发挥社会主义核心价值观的价值引领作用。辅导员的主要职责之一是价值引领，辅导员要利用好自己教育者和管理者的身份，将价值引导与日常管理相融合。辅导员日常管理的各个环节中都渗透着具有意识形态导向性的价值观念和价值取向，在日常事务管理中对学生的思想观念和言行举止进行引导与规范，潜移默化地对学生个体的行为习惯和思想道德素质产生正向熏陶和有效提升，最终帮助大学生树立正确的世界观、人生观和价值观。学生的价值观正是在日常管理的具体实践中，通过日常的反复，最终形成的正确认知。

（二）通过有序化手段规范学生的行为习惯

管理是指管理者通过计划、组织、指挥、协调、控制等管理手段，有效整合组织的资源，以实现组织目标的创造性活动过程。管理是一种保持社会有序化的手段，高校辅导员日常管理将这种有序化手段应用到高校范围内，规范了高校运转和学生的日常行为。这种日常规范性主要体现在以下三个方面。

第一，维护和保障学生学习生活有序运转。高校只有按照一定的规则、组合方式才能形成高校形态，只有在学校与学生达成育人共识的基础上才能建立稳定的高校管理，从而使高校管理体现出以人为本的理念，更加关注学生的成长发展。学生只有遵守学校规章制度才能保证学校有序运转。相对于直接约束学生的行为，更重要的是如何在日常管理过程中帮助学生树立规则意识。辅导员要从思想观念上帮助学生转变思想，变被动接受为自觉遵守规章纪律，保证校园生活的正常运转。辅导员的育人工作就是要转变学生思想和行为上的不足，使学生成为对社会有用之才。

第二，促进学生个体不断社会化。首先，教育引导人的思想和行为朝着社会要求的方向发展，使人成长为合格的社会人。学生在价值观的指引下作出正确的价值判断，然后外化为学生的行为习惯，正确的行为习惯又得到积极回应，这本身就是一种激励。这种激励引导学生向积极正向的方向发展，帮助更多的学生养成良好的行为习惯。惩罚处分是一种反向强化，避免错误行为的出现。无论是评奖评优还是惩罚处分都要坚持育人为本的理念，辅导员在日常管理过程中，要将育人贯彻到日常管理的各项活动中，通过转变学生思想观念来自觉规范自身行为习惯，因为学生的自觉遵守和自我管理才是养成正确行为习惯的根本。其次，日常管理更贴近学生的生活，是塑造学生品行的重要途径，辅导员在日常管理中要对学生德行修养进行规范引导，帮助学生更好地适应社会、融入社会。班级是高校开展大学生教育和管理的基本单位，是辅导员工作开展的重要场所。辅导员通过班级管理，制定规章制度，为学生提供行为准则，帮助学生养成良好的行为习惯。以班级为依托的评奖评优和惩罚处分也对学生的行为习惯养成起到重要作用。评奖评优是强化学生遵守规章制度和行为准则的有效路径。

第三，引导学生合理对待和处理个人和集体关系。学校是一个大集体，在学校学习成长都离不开集体。一定时期的物质财富和精神产品总量是相对稳定的，满足个人需求部分增加，满足集体需求部分就会相应减少，这就导致个人和集体的矛盾。日常管理对于如何教导学生正确衡量个人和集体的利益关系具有很强的示范性和现实意义，个体的发展离不开集体的支撑，集体的健康发展为个体发展提供平台和空间。同样，学校的平稳运行离不开学生的配合，学生需求的满足也离不开学校管理的有序化，高校有序发展的关键在于正确处理学生个人和学校管理的关系。日常育人管理通过对这一问题的规范引导，为学校正常运转提供思想道德保障。

（三）通过渗透性活动营造良好的育人环境

辅导员育人管理工作本身就是一种创造性活动过程，在这一过程中育人的主体和载体相互作用，形成良性的育人环境，塑造学生的思想品德和行为习惯。辅导员利用日常管理的生活化方式，将育人工作渗透在具体的管理活动中，从而使育人工作更贴合大学生日常生活，更符合学生的发展需求。班级是学生的基本组织形式，是学生成长发展的重要平台，也是辅导员日常管理的重要活动场所。辅导员可以通过班级文化熏陶的方式，营造育人文化氛围；可以通过开展具有育人导向的活动，激发学生积极向上努力奋进的意愿；通过将育人要求融入班级规章制度等方式，提高日常育人管理的影响力和接受度。

辅导员要利用育人工作的渗透性，发挥身教示范作用。辅导员作为最贴近学生生活的人，在高校育人工作中承担重要任务，其作用贯穿学生的整个大学生涯。高校要构建全员、全过程、全方位的“三全育人”格局，落实立德树人根本任务，必须以辅导员作为“三全育人”的主要承担者，因为其工作贯穿学生从入学到毕业的整个在校学习生活过程。从整个育人过程来看，高校辅导员作为基层工作者是育人目标的主要实施者，同时也是这一过程的监督者、协调者和反馈者。辅导员要在整个育人过程中落实学校的育人工作要求，并监督育人工作的开展，协调工作的执行，同时，反馈这一过程中出现的问题，探索合适的育人方案，在育人的全过程中渗透高校的育人理念，朝着高校的育人目标不断迈进。辅导员的日常管理涉及学生日常生活的各类活动，这使得辅导员育人工作可渗透于无形之中，在日常管理过程中达到润物细无声的效果。

四、大数据背景下辅导员育人管理工作的现实困境及成因分析

从高校育人管理的角度审视高校辅导员日常管理工作，正确看待大数据背景下高校辅导员日常育人管理取得的成效，清醒地认识现阶段存在的一些问题，进而探究现实困境背

后的成因，有助于把握其内在规律和发展方向，从而为有针对性地加强和改进辅导员育人管理提供优化的路径。

（一）辅导员育人管理背景及成效

大数据背景下，全国高校工作取得显著成效，青年学生的思想水平与政治觉悟不断提高。高校工作能取得明显成绩，离不开高校辅导员的努力。辅导员依托日常管理和教育工作开展育人活动，随着高校工作取得新的进展，辅导员育人管理工作也迎来新的发展前景，并取得一定成效。

第一，高校工作格局的不断完善为辅导员育人管理提供助力。构建工作格局是工作发展的必然要求，国家高度重视工作格局的构建，先后出台了诸多政策文件。高校工作格局也在不断完善，逐渐形成多维度、广范围、立体化的高校工作格局。“三全育人”格局和“十大育人体系”涵盖了高校育人工作的各个环节和各个方面，对发挥育人合力具有重要作用。辅导员作为工作格局的重要参与者，依托日常管理工作和各育人力量的各项工作开展育人活动，发挥育人管理作用，有效推动高校育人目标的实现，培养了大批具有社会责任感、能肩负大数据时代发展使命的时代新人。

第二，高校育人管理工作的发展为辅导员育人管理提供模式借鉴和工作平台。我国高校育人管理在育人管理具体实践的基础上，不断吸收国外学生事务管理的优秀成果，坚持在社会主义核心价值观的引导下，以立德树人为根本任务，经过各方共同努力和实践，取得了一定成效。在育人管理模式上，我国目前高校日常管理模式主要有教育、管理、服务三种模式。高校日常管理先后发展为教育管理主导、管理主导、管理服务主导以及多种导向相结合的工作模式，教育管理主导模式强调人才培养，基于人的全面发展理念开展学生工作，通过管理施加教育，促进学生的发展；管理主导模式将学生事务当作管理学生的方式，基于规范高效原则，约束学生行为，保证学校正常秩序；管理服务主导模式坚持以学生为本位，将学生事务视为为学生提供帮助和服务的载体，满足学生的正当需求。这三种管理模式各有侧重点，为我国高校日常育人管理提供构建教育、管理、服务三者相结合的混合型管理模式提供思路。我国高校日常管理的组织结构经过本土化发展，呈现出具有中国特色的直线型层级管理结构模式，形成独具中国特色的校院两级管理、条块结合的运行机制，为辅导员开展大学生的日常生活育人管理工作提供了可供依托的现成工作平台，增强了育人管理工作的便利性和实效性。

第三，辅导员队伍建设的发展为辅导员育人管理提供能力保障。党和国家高度重视辅导员工作，注重从顶层设计方面推动辅导员队伍职业化成长、职业化建设。2006 年，教育部发布《普通高等学校辅导员队伍建设规定》，为辅导员队伍建设提供具体指导。国家从战略层面不断强化高校辅导员队伍建设，先后出台了有关辅导员培训规划、辅导员职业能力标准、辅导员队伍建设规定的文件，高校辅导员角色定位更加清晰，高校辅导员队伍职业化成长、职业化发展的导向不断增强。结合新形势下的新特点，2017 年重新修订《普通高等学校辅导员队伍建设规定》，这些文件进一步加强了高校辅导员队伍建设的顶层设计。高校辅导员队伍培训和研究力度不断加强，招聘要求不断提高，文化程度不断提升，这为辅导员育人管理工作的开展提供了一定的素质能力保障。

（二）辅导员育人管理的现实困境

高校辅导员育人管理工作迎来了新的发展前景且取得一定工作成效，但当前辅导员管理工作与育人工作融合不足，辅导员育人管理工作还存在诸多现实困境，通过梳理相关文献，我们认为其主要体现在以下几个方面，即辅导员在管理工作中的育人意识不强、育人素养不高以及高校管理制度中的时代性和育人性不足。

1. 辅导员在管理工作中的育人意识不强

第一，辅导员在管理工作中的育人认识不足。辅导员对育人管理的认识是影响其育人管理水平的重要因素，只有正确认识自身的育人管理职责，才能明确辅导员育人管理水平提高的方向。辅导员作为学生事务管理者，育人管理水平不高其原因就在于不能将育人使命与日常管理相结合，缺乏育人管理的主观能动性。另外，辅导员日常管理工作繁杂，工作时间紧张，任务众多，日常管理呈现出程序化、机械化的特点，辅导员的思维方式以经验思维和实践思维为主导。在日常工作的繁重压力下，辅导员对规律性、前沿性的问题研究与探索不够，将研究成果向实践转化、促进实际工作提升的成效不明显，育人理论提升的自觉性不够，这将使辅导员有意识地利用日常管理开展育人工作的动力不足。

第二，辅导员在管理工作中的育人投入不够。辅导员拥有教育者和管理者双重身份，但当前辅导员双重身份失衡。辅导员将更多的时间和精力用于处理日常管理工作，对育人工作的投入相对减少。辅导员的管理工作与育人工作的融入不足，使辅导员育人管理工作呈现"泛业务化倾向"，存在以完成指标考核体系的工作任务为主的工作倾向。辅导员忙于管理工作，开展价值引领这一"主业主责"显得力不从心，进而造成辅导员日常管理中教育缺位及专业价值同实际工作之间的冲突。

2. 辅导员在管理工作中的育人素养不高

辅导员在管理工作中的育人素养是指辅导员为实现教育与日常管理相融合的目标所应具备的各种能力的总和。结合辅导员育人工作现状及育人管理开展条件进行分析，辅导员在管理工作中的育人素养不高主要表现为育人理论素养、育人协同能力等方面存在不足。

第一，辅导员在管理工作中的育人理论素养不高，辅导员职业的理论知识本身发展的不足和辅导员职业要求及发展困境导致辅导员在日常管理中的育人理论素养不高。一方面，作为辅导员专业知识核心的教育学科发展存在学科知识信念不充足、学科知识生产能动性较弱、学科知识生产主体不明等问题。这些理论上的不足对辅导员开展育人管理实践的理论指导效果不佳。另外，辅导员职业本身需要多学科知识支撑，但当前辅导员职业的相对独立知识体系尚未成型，如何将各学科知识与教育知识相结合并不清晰。职业理论知识本身发展的不足阻碍了辅导员育人理论素养的提高。另一方面，时代发展及教育对象的新特点对育人提出新的要求，辅导员的理论素养不适应新的发展要求。此外，部分辅导员职业选择的工具性思维及职业发展内驱力不足等原因导致辅导员队伍的稳定性不够，致使部分辅导员理论研究投入不足，理论缺乏连贯性。

第二，辅导员在管理工作中的育人协同能力不足。辅导员的协同育人行动力是影响辅导员育人管理水平的重要因素。辅导员不仅是育人主体，也是协同其他育人主体的重要力量。辅导员要提高育人管理成效，必须发挥协同育人作用，充分实现各主体的育人合力。然而，在管理实践中，由于辅导员精力有限，难以平衡管理工作与育人工作之间的关系。另外，辅导员作为基层管理人员，由于工作权限小，其利用各种交流平台和资源的权限较低，导致辅导员育人管理工作的协同性不够，行动力受限。

3. 高校管理制度的时代性和育人性不足

管理制度是具备一定育人导向的规章制度，这种价值导向体现在管理制度的设计、实施、反馈、修订等过程中，通过管理制度影响育人管理的效果。当前，学校管理制度与高等教育发展要求、育人要求有差距，有些制度规范尚未建立，也有些规章制度亟待修订或废止。

首先，现有的管理制度不适应新的发展要求。受传统管理思维影响，当前不少高校的管理制度仍以维持高校发展的稳定性为目的，高校管理制度的设计以规范管理和严格约束为出发点，缺少了人性温度、德育深度和育人高度。一些高校的管理制度还面临惩罚手段为主、评价标准单一、条文形式简单等问题。有些学校沿用之前的管理制度，没有结合最新的国家政策文件做出符合时代发展的修订。有些规章制度亟待修订，比如部分规章制度本身缺乏合法性、与上位法冲突或抵触、操作性不强等。有些学校程序机制建设仍与程序正义存在较大差距，有些高校对管理工作应当遵循怎样的法则、流程与要求并没有在规章制度上进行明确，依然采用经验和主观判断。这种程序上的随意性容易使学校规章制度的公信力下降，学生的公平正义得不到保障。其次，部分高校管理制度育人性不强。育人管理主要依靠制度支撑，通过制度体现育人要求。新版《普通高等学校学生管理规定》为高校学生管理提供法律依据，为高校学生管理制度的价值取向给出新的定位。但当前部分高校管理制度育人性不符合高等教育发展的新要求。学校制度以管为主，不注重学生的参与，将学生定位为管理的对象，而不是管理的参与者。这容易引起学生的反感和排斥，不符合学生追求平等对话、相互尊重的发展需求，容易激发学生的逆反心理和抗拒心理。另外，制度设计的目的是更好地服务高校育人工作，但是一些高校的制度设计育人导向不明确。

（三）辅导员育人管理现实困境的成因分析

当前高校辅导员育人管理面临辅导员育人意识不强、育人素养不高，高校管理制度中的育人性不足等问题，结合这些问题进行成因分析，大致分为辅导员内部因素和外部因素。其中内部因素包括辅导员对管理和育人的关系定位失序、对管理中的协同育人理解偏颇以及在工作选择上存在工具性取向等，外部因素主要指辅导员育人管理的机制供给不足等。

1. 辅导员对管理和育人的关系定位失序

辅导员是学生日常工作管理者和日常教育者，其管理工作和育人工作是相辅相成、相互渗透的。日常管理作为育人工作的重要载体，必然要发挥育人作用，而育人工作的开展也有利于日常管理的有序运转。当前，辅导员对管理和育人的关系定位失序，这主要表现为辅导员对管理和育人关系的思维定式。一方面，忽视管理对育人的重要性。管理被认为是为教育科研提供服务的辅助工作，通过管理实现学校的有序化，营造良好的教育科研环境。这种观点没有认识到管理对学生潜移默化的教育作用，管理工作通过直接或者间接的方式影响学生的成长成才过程。辅导员作为学生日常活动的管理者，有时候也将这些日常管理活动作为学生学业提升的重要手段，却忽视了日常管理过程对学生思想品德和行为习惯的影响。另一方面，忽视在管理中育人作用的发挥。辅导员在日常管理中容易形成工作惯性和固定工作模式，日常管理工作多为完成上级要求和保证学生日常需求。辅导员缺少育人的主动性、自发性和前瞻性，忽略对学生教育问题的思考和研究。另外，辅导员工作范畴的分置设定与职业初心的被动隐匿和工作内容的事务化倾向于职业外观的矮化错觉等原因，导致辅导员工作重心重点不明晰，其价值引导工作缺乏融入日常管理工作的实现路径。

2. 辅导员对管理中的协同育人理解不准确

高校工作的高效和高质量发展离不开协同育人作用的发挥。协同各育人主体的力量，朝着共同的育人目标发力，是高校育人工作努力的方向。辅导员作为协同育人的重要主体及育人工作的主要落实者，在育人管理工作中至关重要。

由于我国高校学生管理工作复杂多样，学校各分管部门的具体工作主要是依靠辅导员来落实。这种“多重领导”导致辅导员承担大量任务，疲于完成各级领导指派的工作。辅导员工作较为繁忙，加上其对协同各方面力量育人的认识存在偏颇，总是无差别地忙于上级指派的各种任务，忽视自身思想理论教育及价值引领职责。辅导员每天周旋在各个部门之间，完成一个又一个具体工作，无暇顾及自己的本职工作，把自己的工作当作其他各部门工作的协调和中转，使其受困于日常管理工作，造成辅导员在面对众多工作时没有对管理工作和育人工作做出正确的定位。

3. 辅导员在工作选择上存在工具性取向

辅导员是开展大学生教育的骨干力量，要努力提高自身的专业水平，提高专业能力。但在实际工作中部分辅导员在职业选择上存在工具性思维取向，职业选择的出发点不是将该职业作为职业发展的方向，而是将其作为他们职业发展的中转站，“逢优则转”是辅导员队伍的常态。大数据时代，教育对象规模和特征发生新变化，对辅导员工作提出新要求，其工作内容日益复杂化，管理服务职能增加，工作内容增多，而辅导员在“主业主责”中的投入有限。辅导员工作的复杂化及时间资源的有限性，导致部分辅导员的工具性思维取向也体现在工作选择上，他们更倾向以满足短期效率提高为主要目标、以完成指标考核体系内的工作任务为主。

从工作成效上来看，辅导员工作可以分为内隐性工作和外显性工作，其中教育在工作时间和工作成效上具有内隐性，而日常管理则具有刚性的完成时限和外显的工作成效。正是两者之间的差异，导致辅导员工作选择存在用力不均、趋易避难的事务化倾向。辅导员在学生日常管理中投入更多的时间精力，教育工作投入相对不够，导致管理和育人工作分配不平衡，更难以发挥育人管理作用。另外，追求效率和有效性的管理文化及育人工作具有长期性、潜隐性难以进行客观量化的考核等，都影响着辅导员的工作选择。虽然辅导员的育人管理工作能以润物无声的方式影响学生的思想品德和行为习惯，但是管理工作中的育人效果难以量化考核。在追求绩效的管理文化影响下，辅导员更容易选择成效显现快的日常管理工作。这种工具性取向，使辅导员将工作重心放在可量化的管理工作中，而忽视育人作用的发挥，使育人管理工作呈现“泛业务化倾向”。

4. 辅导员育人管理的机制供给不足

辅导员工作机制是协调辅导员各项工作正常运转的重要手段，辅导员育人管理工作的正常开展同样也离不开相应的机制。当前，辅导员育人管理的机制供给不足，具体表现在以下三个方面：辅导员育人管理的培训机制不足、激励机制有待完善、考核机制有待优化。机制供给不足不利于辅导员的育人管理素质提升，影响辅导员的育人管理水平提高。

第一，辅导员育人管理的培训机制发展不足。大数据背景下，全国高校工作骨干示范培训班的培训主题与辅导员育人管理相关的培训内容较少，相关主题有高校管理服务育人的内涵与形式、高校学生管理的法治化、育人管理格局的构建。培训方式主要采取专题教育及小组讨论等形式，主要还是以理论传授为主。辅导员培训存在职业化成长发展要求与培训比较滞后的矛盾，这主要表现为培训内容缺乏创新、培训形式多为专题授课、培训整体上缺乏系统性。另外，辅导员相关培训的内容多为宏观的理论知识和普遍化假设的问题，这导致辅导员培训内容与辅导员工作实践不相匹配，不能解决现实困境中的问题。同时，培训内容针对性不强，有关“育人管理与辅导员综合素质发展”的培训涉及的专题报告有辅导员科研能力、信仰、法律问题、国外学生事务管理等，其中并不涉及辅导员管理能力相关内容。辅导员育人管理培训应当从管理实践出发，将理论与实践相结合，从而改变辅导员培训侧重理论课程培训，忽视对实践工作能力培训的现状。

第二，辅导员育人管理的激励机制有待完善。激励机制在激发辅导员工作积极性、主动性和创造性方面都发挥着重要作用，当前辅导员激励机制虽然取得规范性发展、项目设置系统科学等成就，但也存在“重结果轻过程”“重物质奖励轻发展支持”等问题。一方面，忽视辅导员激励机制本身的正向效果。辅导员激励机制不是为了奖励而奖励，而是希望通过这些奖励措施，激励辅导员主动要求进步，提高辅导员工作的效能。另一方面，忽视辅导员激励机制对辅导员的发展支持。激励机制不仅要奖励辅导员已经取得的成果，还要激励辅导员为自身成长发展所做的努力，进而实现辅导员成长进步的可持续发展。

第三，辅导员育人管理的考核机制有待优化。辅导员考核评价机制通常是以考核本身为目的，缺乏绩效管理的理念。辅导员绩效考核与绩效管理之间差异显著，在“考核目标、考核角度、考核过程、考核后改进、考核结果应用”等方面都存在差异。以往绩效考核只是考核工作的完成度，并根据考核结果对辅导员进行事后评价，辅导员考核评价机制的育人性被忽视，只重视对管理实效的考核，而轻视对育人实效的考核。另外，辅导员考核指标设计缺乏价值性。辅导员考核评价机制应该改变工具性取向，更加关注辅导员专业发展的价值性，比如在考核评价指标中“突出职业价值导向、育人目标导向与内驱动力导向”，除此之外，信息化平台建设不足导致辅导员事务性管理工作不能得到系统化、便捷化处理，不利于减轻辅导员育人管理工作负担，进而影响辅导员育人管理实效。

五、大数据背景下辅导员职业化成长育人管理工作的路径优化

根据上述关于辅导员育人管理存在的困境及其原因分析，我们认为高校辅导员育人管理的路径优化应从强化高校辅导员的育人管理意识、提高高校辅导员的育人管理素养、完善高校辅导员育人管理的制度机制等三个方面展开。

（一）强化高校辅导员的育人管理意识

辅导员的育人管理意识是辅导员开展育人管理工作的依据，增强辅导员育人管理意识主要从增强辅导员角色认同、提高辅导员主导意识、强化辅导员理论思维等方面入手。

1. 增强辅导员的角色认同

辅导员在高校中扮演着多重角色，其育人管理工作既体现了教育者和管理者的岗位性质，又体现了育人和管理的工作职责。因此，增强辅导员的角色认同，既要正确认识双重身份，又要正确认识工作职责。

第一，双重身份地位既有差异，也相互交叉。辅导员是教育者也是管理者，但作为教育的骨干力量，其首先是教育者身份。因此，辅导员教育者身份优先于管理者身份，辅导员所有工作都要以教育为统领。辅导员开展管理工作，要以实现育人管理为目标。

第二，岗位职责地位不同，但相互渗透。首先，教育者和管理者的岗位职责不同。辅导员的主要工作职责包括思想理论教育和价值引领、党团和班级建设、学风建设、学生日常事务管理等九个方面。其中思想理论教育和价值引领是辅导员工作的要义，居于先导地位，是具有统率性的职责，这一职责是辅导员的主业主责，贯穿于其他职责之中，为其他职责提供清晰的指向和明确的目的，推动育人工作的开展。其次，辅导员主业主责以日常管理为载体。对辅导员来说，不存在完全脱离事务性工作的教育工作。脱离日常管理的教育是空洞的、乏力的，会使教育效果大打折扣。因此，辅导员要深入思考如何实现日常管理与思想理论教育与价值引领的结合。通过增强辅导员角色认同，能使辅导员从职业责任角度明确育人管理责任，降低工具性取向对育人工作的影响，有意识地开展育人管理工作。

2. 增强辅导员的主导意识

辅导员是众多德育主体中的关键主体，是贯彻“三全育人”的重要主体。在“十大育人”体系中除了科研育人与辅导员关系较弱外，其他各项育人工作都直接或间接地由辅导员负责，需要辅导员协助和落实。辅导员在高校管理工作中始终发挥着“万金油”的作用，这增加了辅导员工作量，分散了工作重心。为更好地落实育人管理职责，就需要增强辅导员的主导意识，即在管理中发挥育人引领力，这种引领力强调主体的能动性。一方面，要发挥辅导员在各育人主体中的主导性。辅导员协同各育人主体完成各项育人任务，但要明确主次地位，不能被其他育人主体的任务占据太多工作时间。辅导员要始终把自己的工作放在首位，对于高校其他各项育人任务是处于协助的地位，不是最终执行者。另一方面，要发挥辅导员的育人管理主动性。即辅导员要提高在管理过程中融入思想理论教育和价值引导的主动性。辅导员要主动将育人理论与管理实践相结合，发挥理论指导实践的作用，实现对学生思想和行为的指引。

3. 强化辅导员的理论思维

辅导员工作要强化理论思维，提高理论学习和理论应用的自觉性。在日常管理中，辅导员容易以经验为主，必须改变这种经验思维，结合自身工作日常性的特点，在日常管理实践中掌握教育契机，积累育人管理实践经验。要学会透过现象看本质，利用理论思维，对育人管理经验进行分析研究，把握育人管理的基本规律，使其上升为育人管理理论，实现辅导员育人管理理论的创新发展。另外，辅导员在管理实践中要主动发挥理论思维作用，改变以往重实践轻理论的倾向。要主动将理论与实践相结合，利用积累的育人管理理论指导育人实践，并主动根据管理实践中遇到的问题及时思考并上升到育人管理理论，做到理论与实践的相互促进。

（二）提高高校辅导员的育人管理素养

教育者的工作素养直接影响育人工作的开展。辅导员的育人管理素养影响整个育人管理的进展，要有针对性地提高自己的育人管理素养能力。首先，要提升育人管理理论素养，主要指教育理论素养，这是辅导员的基本业务能力。其次，要增强价值引导力，构建辅导员育人管理话语体系，加强意识形态引导力。最后，要提升育人管理协同能力，辅导员管理工作涉及多部门多主体，发挥协同作用，释放育人合力，才能保证育人管理的有序化，提升育人管理的实效性。

1. 加强思想建设，深化理论武装

辅导员的核心工作职责是思想理论教育和价值引领，高校要明确这一核心工作职责，通过落实工作安排和人员配置，以把握立德树人的育人方向，真正发挥育人作用。在日常具体工作开展中，要时刻明确其核心工作职责，其他一切工作都要围绕该工作开展。要以此来统领日常管理工作，分清价值引领和管理的关系，将价值引领贯彻到日常管理活动中。为此，辅导员要夯实自身的思想理论基础与价值引领力，加强自我专业能力提升。

辅导员要提高自身的理论素养，发挥理论对学生的动员和掌握作用。首先，要具备扎实的马克思主义理论功底，为开展教育提供思想保障和精神动力。除了要加强马克思主义经典理论学习，还要学习马克思主义中国化理论体系。其次，要主动学习社会主义核心价值观的内容，将其与日常管理实践相融合，为发挥价值引领作用保驾护航。价值观教育离不开理论支撑，要以社会主义核心价值观为理论支撑，提高价值传递的理论水平，将价值观教育渗透到日常管理过程中。此外，理论不是一成不变的，辅导员要与时俱进，及时更新自己的理论体系。理论是用来指导实践的，理论与实践之间应该是相辅相成、相得益彰的指导和支撑的关系，只有这样，才不会陷入空洞与盲目。要运用丰富的教育理论，指导日常育人管理的实践，将马克思主义的立场、观点、方法贯穿于日常育人管理的全过程，将理论精神具体化，真正落实到日常管理工作中，使理论和实践相得益彰。

2. 增强价值引领，把握育人方向

思想价值引领是辅导员发挥育人作用的重要保障。辅导员拥有教师和管理者双重身份，在管理实践中管理话语权要多于教育话语权，这不利于在日常管理中发挥育人作用。辅导员要积极调整两种话语权，以教育话语权代替大量的管理话语权，坚持以价值引领为主，管理为辅。在刚性的管理中融入人文关怀，将管理对学生思想和行为的限制转变为引导。教育话语建构不是靠照搬学科话语，而是要结合学生的特点和需求以及具体的日常管理情景，对理论性和思想性较强的话语进行转化，将教育与日常管理实践相融合，构建出辅导员育人管理的独特话语。

辅导员要在日常管理中构建教育话语体系，并牢牢掌握教育话语权。提高辅导员的教育话语权就是要着力提升意识形态工作能力，即对大学生意识形态的主动引导能力。要用好马克思主义理论，使马克思主义理论为学生所掌握，变成坚定意识形态的物质力量。高校是各种社会思潮交融的阵地，校园里充斥着大量与马克思主义不相符合甚至是错误的社会思潮，多种思想观念交融混杂，影响学生的价值判断和精神追求，并与主流意识形态争夺话语权，这给辅导员开展意识形态工作带来了巨大挑战。辅导员要有意识地提升自己的意识形态引导能力，将工作重心放在主业主责上，加强对学生思想和行为的引导。在日常管理过程中注重教育，筑牢大学生的思想防线，在与学生的密切接触过程中，及时了解学生的思想动态。要学会运用马克思主义科学的世界观和方法论，具体分析学生的思想问题，揭露和批判错误思潮，同时，要具备敏锐的洞察力，主动判断各种社会思潮可能带来的影响，当学生面对错误思潮侵害的时候，要及时纠正，正确发表意见，发挥价值引领作用。

3. 提升协同能力，发挥育人合力

辅导员是高校教育的骨干力量，其育人管理工作的开展离不开辅导员协同育人作用的发挥，要主动协同其他育人主体，构建育人管理协同网络，发挥育人管理合力。“三全育人”格局和“十大育人”体系将高校育人工作分散到不同职能部门和不同人员，育人过程辐射学生培养的各个环节。辅导员作为各个环节育人工作的协调者，如何有效协调各部门、人员的育人工作，凝聚育人合力，是当前提高育人效率需要解决的重要问题。

发挥辅导员的育人管理协同作用，既要明确关键主体责任，也要明确其他育人主体的育人职责，发挥其他育人主体的育人力量。在“三全育人”整体布局中，全员育人是重点也是难点。辅导员是落实“三全育人”的主要力量，其中全员育人要求其他育人主体也要参与全程、全方位育人，在落实育人工作的同时，要协同这部分育人主体，发挥育人合力。恩格斯指出：“许多人协作，许多力量融合为一个总的力量，用马克思的话来说，就产生‘新力量’，这种力量和它的单个力量的总和有本质的差别。”辅导员要学会协同合作，通过“硬约束”和“软约束”共建的方式带动全员育人，使育人工作实现由量变到质变的飞跃。

一要依靠政策和制度进行硬约束。通过建立“十大育人体系”的“育人责任清单”，明确“十大育人体系”中的育人力量角色分工和职能定位，将各育人主体的权利和责任以制度的形式落实，同时监督各育人主体履行各自岗位的育人职责，并对其工作内容进行考核。通过明确划分工作职责，辅导员有更多的时间和精力来落实自己的工作职责，也明确了在具体日常管理中要协同各育人主体落实主业主责。除了具体细化育人主体的育人职责，还要建立协同育人的信息反馈制度。从动态发展的角度对协同育人的具体实施情况进行监控，分析协同育人的成效，总结协同育人经验，并及时调整不合理的地方，以保证各方育人力量共建“三全育人”格局和发挥“十大育人”体系的作用。

二要发挥辅导员的带动作用，在硬约束的基础上发挥软约束的作用。辅导员是独立承担全程、全方位育人的唯一主体，并且在全员育人中属于实施者和协同者，自主发挥育人作用。辅导员要充分利用好“三全育人”格局的有利条件，将专业课老师、管理人员、后勤工作者等育人力量组织起来。进一步强化辅导员在“三全育人”格局中的“指挥官”的作用，以具体日常管理工作的实施带动全员教育模式的发展。辅导员要学会利用各种育人资源，将自己工作职责之外的各项活动变为协助自己完成育人工作的重要资源，学会将各种资源融入日常管理工作。

此外，高校学生工作的开展基本上都是通过班级落实，辅导员要通过班级管理协助各项工作的具体落地。班级是各项育人工作的具体落实场所，也是发挥协同育人合力最好的演练场。班级育人管理需要党委、团委、心理咨询中心、就业指导中心等部门在具体管理事项中发挥协同作用。评奖评优更是离不开其他多个育人主体对学生的评价，比如专业课教师评价、党团组织评价、导师评价等。这些主体的评价标准也影响着学生的自我认知和未来改进方向。惩罚处分的协同育人体现在课堂教学对惩罚处分的正面引导，帮助学生正确认识规范自身行为对自己对他人成长的意义及错误行为带来的不良影响。最终惩罚处分的决定也需要多个育人主体综合评估给出相应的结果，这些过程中也需要发挥协同育人的作用，贯彻立德树人的根本任务，坚持教育和惩戒相结合。帮困助学需要学校有相关配套政策落实国家对家庭贫困学生的帮扶政策，除了经济帮扶，还要提供勤工助学岗位，帮助学生靠自己的努力赚取生活费。帮困助学的具体落实涉及多个部门，各部门工作人员在这个过程中都发挥着育人作用，所以也要协同这部分力量，通过帮困助学实现育人目标。

（三）完善高校辅导员育人管理的制度机制

提高育人管理水平，需要健全育人管理制度及机制，营造良好的制度育人环境。制度不仅为育人创造环境，本身也发挥一定的育人作用，制度本身具有一定的价值导向性，影响学生的价值观。当前提高高校辅导员的育人管理水平也要从制度建设着手，发挥制度的价值导向性，完善高校辅导员育人管理的制度机制，指引辅导员将教育与价值引领贯彻到日常管理过程中。

1. 健全明确价值导向的高校管理制度

管理制度要坚持正确的价值导向，才能保障育人管理不偏航向，否则就会导致管理制度丧失育人价值。通过健全正确价值导向的高校管理制度，实现制度规范和道德约束的有效结合，全力推进高校育人管理工作的创新发展。

（1）要贯彻依法管理的育人理念。高校应坚持依法治校理念，贯彻落实相关法律法规，做到有法可依、有法必依。其一，高校要完善教育法律法规体系，根据上位法优化升级大学规章、校规校纪、自律公约等。通过完善校内规章制度，明确各项工作的主体责任，使校园内工作和生活管理服务的各个方面能够优化升级，保障师生合法权益。其二，高校要加强法治教育，全面推进依法治校，约束教育者和管理者的教育和管理行为，努力构建法治校园，促进高校教育管理能力朝着现代化方向发展。通过加强法治教育，贯彻法治精神，发挥法治作用，保证高校在法治环境中有序运行。其三，依法管理不仅是对高校管理提出的要求，也是对辅导员自身的管理行为提出的要求。辅导员要严格按照规章制度约束自己的管理行为，避免主观随意性，维护规范管理的公信力。坚持依法依规办事，为学生日常管理创造良好的法治环境，促进学生工作走向规范化、程序化。尊重学生的权利，在班级管理、评奖评优、惩罚处分、帮困助学等各个方面，尊重学生的知情权、参与权、表达权、隐私权等，比如评奖评优和惩罚处分要公开透明，做到程序合理，保证公平公正，有理有据，避免主观随意性。

(2) 贯彻社会主义核心价值观。坚持正确的价值导向，就是要将社会主义核心价值观融入管理制度中。其一，推进社会主义核心价值观融入高校大学章程和各类规章。大学章程是大学精神和价值取向的集中体现，它是一所高校的“根本大法”。因此，大学章程的规划、制定、颁布、执行、修订以及大学章程的本身都要体现社会主义核心价值观的精神要求，高校的各个方面的规章制度是在大学章程基本精神的指导下制定。其二，推进社会主义核心价值观融入大学的管理机制。高校内部各项工作的顺利开展依赖一定的程序环节和各部门之间的衔接，因此，在长期的工作过程中会形成固定的、惯例性的一些正式或非正式的做法。从功能论的视角来看，这些做法的存在具有一定的合理性，但是从价值合理性的角度来看，有些做法不一定符合社会主义核心价值观的精神。因此，高校管理制度要结合社会主义核心价值观的基本要求，对相关的章程、制度、体制机制进行整改和创新，使其具有社会主义大学特有的精神气质。其三，在管理制度运行中培育和践行社会主义核心价值观。在制度运行的过程中培育社会主义核心价值观，为学生的全面发展服务。高校制度最终面向学生发挥作用，因此，必须使用好制度，让制度发挥作用的过程成为在学生群体中培育社会主义核心价值观的过程，彰显高校管理制度的育人导向。例如，高校评奖评优活动就是制度发挥作用的过程，评奖评优过程是否公平公正、能否说服学生，直接关系到学生价值观的培育。制度的使用在一定意义上是其执行者价值观的投射，一项好的制度如果在运行的过程中执行不当也难以有效发挥作用。因此，要让社会主义核心价值观刻进领导者和组织者的头脑，只有高校的领导者、组织者深刻地领会社会主义核心价值观的基本内涵和精神，“核心价值观化”的制度实施才有可能。

2. 完善针对性强的辅导员育人管理培训机制

培训、考核、激励等相关研究属于管理学探讨的内容，要完善辅导员的培训、激励、考核等机制，首先要建立辅导员育人管理模型，然后围绕这一模型制定个性化的辅导员育人管理培训机制。

第一，进一步突出育人管理素养提升的培训目标。培训目标明确了辅导员育人管理培训的目的，指引育人管理培训的方向。辅导员育人管理培训应根据高校育人管理发展要求和辅导员自身工作情况，确立提升辅导员育人管理素养的培训目标；在广泛调研的基础上建立辅导员育人管理模型，确立辅导员育人管理素养的内容。辅导员育人管理素养提升可以结合育人管理所需要的特质，制定育人管理的培训目标。

第二，进一步突出育人管理针对性的培训内容。首先，培训内容要符合辅导员的实际需求。辅导员的育人管理实际需求包括时代对辅导员提出的要求和育人管理实践对辅导员提出的具体要求。育人管理培训内容要围绕辅导员的育人管理工作应具备的理论素养及管理实践中的挑战，将辅导员育人管理的知识体系和能力标准等贯穿培训内容体系。辅导员育人管理培训的内容要保持时代性，根据不同发展阶段的要求及面临的具体问题及时调整培训内容。其次，培训内容要融入培训基地对辅导员培养的指导。同时指导要具备科学性，在满足辅导员育人管理实际需求之外，还要发挥对辅导员成长发展的支撑作用。因此，培训内容要改变培训扁平化安排，以辅导员专业发展为目标，设置符合辅导员育人管理专业发展的立体化、系统化培训内容。

第三，进一步丰富育人管理多元化的培训方式。多元化的培训方式应当包含多元的培训方法和多元的培训形式。首先，可以根据辅导员工作的实践性特点及大数据手段，采用角色扮演、情景再现、实地考察等具有实践性的方法，充分利用网络技术提供的丰富网络资源和新技术手段。其次，可以采用多元培训形式，如建立国家、省、学校三级培训体系，开展系统且有一定衔接性的辅导员育人管理培训形式。此外，在具体培训形式上辅导员育人管理培训可以将校内外培训、自主学习、拓展性学习等多种形式结合起来。

3. 优化正向发展的辅导员育人管理激励机制

辅导员育人管理的激励机制不仅要奖励管理工作成果，更要关注如何发挥奖励对辅导员管理工作的持续影响，从而发挥激励机制本身的正面作用。

第一，发挥激励机制本身的正面作用。辅导员育人管理激励机制的构建要以激励辅导员主动要求进步、提高育人管理工作的效能为目标。这种以激发其主观能动性为重点的效能管理是当前辅导员管理工作的新思路。首先，通过多元化奖励措施提高育人管理成效，激励辅导员在育人管理方面投入更多时间和精力。例如，设立“最佳育人管理辅导员”“先进管理工作者”等荣誉奖，增加辅导员对育人管理身份的认同。其次，通过建立及时有效的反馈调控机制，动态监测辅导员的育人管理工作情况。学生是日常管理的参与者，可以通过定时向学生了解相关情况，掌握辅导员的育人管理工作状况。通过对辅导员的育人管理过程的监测，及时发现问题，并调整育人管理工作方向。

第二，加强激励机制对辅导员的发展支持。首先，为辅导员成长提供发展平台，这是提高辅导员稳定性的重要措施。例如，通过对育人管理表现优秀的辅导员提供攻读本专业的硕士或博士学位的机会、研究制订辅导员育人管理培训规划、提供外出交流学习的工作机会等。其次，为辅导员专业化、职业化成长发展提供“双线”晋升机会。目前“双线”晋升办法更多停留在较为宽泛的辅导员队伍建设层面，应构建更加科学的“双线”晋升标准，形成系统化、可操作的晋升办法，拓展辅导员发展路径。

4. 构建育人导向鲜明的辅导员育人管理考核评价机制

辅导员育人管理考核评价结束时得到的结果，在考核评价开始时就已经存在着，这表现为考核评价的目的性和指向性。这种目的性和指向性具有社会历史性，且不断与时俱进。教育评价的指挥棒作用，明确了其他各项教育评价活动都要以教育评价为指引，确立科学的育人目标。辅导员育人管理考核评价也要树立科学的育人目标，以实现立德树人根本任务为目的。要改变以往教师评价更多在于管理教师、对教师进行奖惩的评价指向，而应更多关注育人效果和如何更好地育人的问题。

首先，建立具有鲜明育人导向的考核评价标准。辅导员育人管理考核评价机制要围绕育人目标，建立育人导向明确的考核评价标准，发挥育人管理考核评价的导向功能。通过育人管理考核评价的育人导向功能，扭转考核评价的价值异化现象，改变作为工具的考核评价与育人目的之间的错位，最终引导辅导员朝着育人目标前进。

其次，坚持问题导向，发挥过程评价动态监测功能。辅导员育人管理是一个动态发展过程，以往的绩效考核不能考核整个育人管理过程，应当引入绩效管理理念，对辅导员育人管理的全过程进行监督、反馈、调节。绩效管理注重过程管理，能对辅导员的育人管理工作进行及时调整，对育人管理实效进行评估。辅导员育人管理的考核评估是一个需要及时反馈，并能适时调整的管理实践过程。对辅导员育人管理实施绩效管理既能反映育人管理的结果也能关注育人管理过程，可以从整体上对辅导员育人管理进行综合评估，准确把握育人管理成效，进一步明确辅导员育人管理发展方向，并正确制订实施计划。

最后，采用多元考核评价主体，提高育人价值判断的有效性。不同考核评价主体的价值立场不同，将导致考核评价对育人管理的价值判断存在较大差异，不利于评估辅导员育人管理的价值实效。单一的考核评价主体的评价具有局限性，为有效评估辅导员育人管理全貌，辅导员工作的考核要让多主体参与，应该由了解辅导员工作的群体担任，保证考核结果的公平客观，与辅导员工作直接相关的学生、职能部门、辅导员自身及同事都要参与评价。考核评价主体应该包括职能部门、院系部、同事与学生。另外，要提高考核评价主体职业化成长程度。考核评价主体职业化成长程度不高可能会导致评价主体性差异较大，为保证考核评价的稳定性，可以对考核评价主体进行辅导员育人管理考核标准培训。

第二节 大数据背景下辅导员职业化成长的应急管理工作

一、应急管理工作概述

在定义应急管理之前需要先了解突发事件的定义，本节中突发事件引用《中华人民共和国突发事件应对法》中的定义：“突发事件是指突然发生，造成或者可能造成严重社会危害，需要采取应急处置措施予以应对的自然灾害、事故灾难、公共卫生事件和社会安全事件。”①

根据突发事件的定义可以对应急管理进行定义。不同学者对于应急管理有不同的定义，《应急管理概论：理论与实践》（第二版）对应急管理的定义是：“应急管理是针对各类突发事件（包括自然灾害、事故灾难、公共卫生事件和社会安全事件），从预防与应急准备、监测与预警、应急处置与救援到事后恢复与重建等全方位、全过程的管理。”②《应急管理概论》对于应急管理的定义是：“应急管理是指政府和其他管理主体对突发事件的预防与应急准备、监测与预警、应急处置与救援、事后恢复与重建中的各种应对活动的管理。”③ 参考以上定义以及4R危机管理理论定义本书应急管理，本书中应急管理是指高校应急管理范围内的高校辅导员面对高校突发事件在应急准备、事前预防、应急处置、事后恢复阶段工作的过程。

二、大数据背景下辅导员职业化成长的应急管理工作现状

（一）辅导员应急管理工作的维度分析

从各个维度来看高校辅导员应急管理水平。第一，知识素质维度水平需要着重提高，因为知识素质是高校辅导员应急管理工作的基础和必要保证，知识素质水平低会影响辅导员应急管理能力的提升以及工作效果，所以在辅导员应急管理工作中要着重提高知识素质维度水平来打好基础；第二，能力素质维度水平需要着重提高，因为能力素质是辅导员应急管理工作的关键和核心，能力素质维度水平不足会影响辅导员应急管理工作的结果和效

① 钟开斌．螺旋式上升：“国家应急管理体系”概念的演变与发展［J］．中国行政管理，2021（05）：122-129.

② 闪淳昌，薛澜．应急管理概论：理论与实践（第二版）［M］．北京：高等教育出版社，2020.

③ 李雪峰，佟瑞鹏．应急管理概论［M］．北京：应急管理出版社，2021.

率，所以能力素质维度水平在辅导员应急管理工作中应进一步提高来发挥其核心作用；第三，职业态度维度水平需要进一步提高，因为职业态度是高校辅导员应急管理工作的助力，所以职业态度维度水平在辅导员应急管理工作中应该达到更高水平来充分发挥助力作用。

（二）辅导员应急管理工作的不足归因

1. 高校的机制建设不健全

高校对于辅导员队伍建设在机制建设方面虽然取得了一定的成效，但是仍然存在着机制建设不健全的问题，辅导员队伍的机制主要包括选聘机制、培养机制、评价机制，辅导员队伍的机制建设不健全会影响辅导员应急管理水平，高校的机制建设不健全包括以下三点。

第一，高校在招聘条件中未体现对应急管理的要求。首先，部分高校辅导员招聘报名条件存在不足，招聘进来的辅导员可能会在突发事件处理中不够敏捷和专业。其次，高校辅导员招聘时笔试环节缺乏对应急管理知识的考查。部分高校招聘辅导员时为了方便组织考试，采取和专任教师同样的试卷，笔试内容为公共基础知识和职业能力测验以及教育学心理学等知识，还有部分高校笔试内容为教育知识、大学生教育管理服务和辅导员工作的基本知识等，这些方式虽然在笔试中考查了高校辅导员的专业知识，但是未对高校辅导员的应急管理知识进行考查。最后，高校辅导员招聘面试环节中缺乏对应急管理能力的考查。高校招聘辅导员面试时大多采取结构化面试、演讲和提问组合等方式，这些方式并不能判断辅导员在管理实践中的应急管理能力如何。所以高校在招聘条件中未体现对应急管理的要求，表明选聘机制建设不健全，会导致所聘的辅导员知识素质、能力素质维度水平不足，进而导致高校辅导员应急管理整体水平不足。

第二，高校对组织辅导员进行应急管理培训重视程度有待提升。首先，高校组织辅导员进行应急管理培训较少。高校组织教育、心理辅导、职业生涯规划、日常事务管理、个人发展的培训较多，组织辅导员进行地震、火灾、校园突发事件应对、公共卫生安全等应急培训较少，忽略了辅导员应急管理知识和能力的重要性，仅依靠高校辅导员自主学习并不能对辅导员应急管理水平的提高有很好的效果。其次，高校进行应急管理培训形式单一。大部分高校对于辅导员的应急管理培训仅限于讲座，其他如案例研讨、经验分享组织较少，不利于辅导员水平的提高。最后，高校未对应急管理培训效果进行监督。这样导致辅导员参加培训可能会存在“走过场”思想，学习效果得不到保证，不利于辅导员提高应急管理水平。所以，高校不重视组织辅导员进行应急管理培训，表明培养机制不健全，会导致高校辅导员法律知识、应急管理知识、分析研判能力、局面控制能力、应急处突能力、组织协调能力水平不足，影响辅导员知识素质维度和能力素质维度水平，进而导致辅导员应急管理整体水平不足。

第三，高校对辅导员应急管理工作考核的重视程度有待提升。考核是辅导员评价机制的表现形式，高校不重视辅导员应急管理工作的考核主要体现在以下三点：首先，高校绩效考核中应急管理工作指标少且占比低。在大部分高校中，辅导员应急管理工作在绩效考核中指标少且占比过低，导致高校辅导员在应急管理工作中完成的好坏与绩效考核关系不大，从而导致辅导员应急管理水平提高缓慢。其次，高校应急管理考核惩多于奖。高校应急管理工作是一种完成好不出彩但是出现失误一定会受到惩罚的一项工作，高校普遍认为辅导员应急管理工作完成好是辅导员职责所在，而工作失误就必须要受到相应惩罚。且对辅导员应急管理工作的奖励微不足道或者形式单一，不能促进辅导员应急管理水平的提高。最后，辅导员考核中应急管理指标不够细。高校考核中关于应急管理的指标比较笼统，不够细化，并不能真实判断辅导员的应急管理水平高低。所以，高校不重视辅导员应急管理工作的考核，表明评价机制不健全，会导致高校辅导员善后处理能力、应急处突能力、奉献精神、责任感水平不足，影响高校辅导员能力素质和职业态度维度水平，进而导致高校辅导员应急管理整体水平不足。

2. 辅导员的重视程度不足

第一，高校辅导员应急管理理论学习不足。首先，辅导员很难抽出时间进行理论学习。高校辅导员日常性工作繁多，上面千根线，下面一根针，所有和学生有关的工作都需要辅导员来完成，辅导员还需要完成党建、行政、教学方面的工作，因此，辅导员很难抽出时间进行应急管理理论学习。其次，辅导员进行应急管理理论学习的形式单一。大部分辅导员仅仅通过书本知识去进行学习，缺乏其他学习形式，导致应急管理理论学习不足。最后，高校辅导员存在理论“学习倦怠”现象。部分辅导员没有树立终身学习的观念，自然而然地也就会降低应急管理理论学习的时间，从而导致应急管理理论学习不足。高校辅导员应急管理理论学习不足会导致高校辅导员政治站位的高度不够以及应急管理知识、法律知识水平不足，影响高校辅导员知识素质维度水平，进而导致高校辅导员应急管理整体水平不足。

第二，高校辅导员突发事件处理经验不足。首先，辅导员存在“走过场”的思想，不重视应急演练，没有认识到应急演练是增加突发事件处理经验的最重要的形式，不利于增加突发事件处理经验。其次，高校辅导员参与应急管理实践形式单一。当前高校辅导员仅参加应急演练实践，其他应急管理实践的形式较少，单一的实践形式容易降低辅导员积极性，对应急管理实践产生倦怠思想，也不利于提高辅导员应急管理水平。最后，辅导员缺少突发事件处理后的总结工作。突发事件处理后不及时总结，后期再进行补救效果较差，可以总结辅导员在此次突发事件处理过程中典型的做法，也可以反思处理过程中的失误。高校辅导员突发事件处理经验少会导致高校辅导员反思总结能力、分析研判能力、危机意识、应急处突能力、组织协调能力、奉献精神、责任感水平不足，影响高校辅导员能力素质和职业态度维度水平，进而导致高校辅导员应急管理整体水平不足。

第三，高校辅导员对自身应急管理工作的要求不高。首先，高校辅导员在应急准备和事前预防阶段降低要求。辅导员应急准备和事前预防阶段准备不全面，会使事前预防工作出现疏漏，且辅导员的警惕性不够高，存在麻痹性思想，对于危机的苗头发现得不及时，这些会导致辅导员降低自身在应急准备和事前预防阶段的要求，不利于辅导员应急管理水平的提高。其次，高校辅导员在应急处置阶段降低要求。一是辅导员在应急处置阶段反应不及时，非正常工作时间辅导员没有第一时间到达现场处理突发事件，增大了危害性；二是辅导员在应急处置阶段收集效率较低，因为信息收集工作次数多且数据量十分庞大；三是辅导员对学生网络思想动态关注度不够，导致舆情的出现。最后，高校辅导员在事后恢复阶段降低要求。高校辅导员在事后恢复阶段对学生心理疏导次数较少，在突发事件发生过程中，会对事件涉及的当事人心理产生非常重大的影响。当前高校辅导员由于自身事务繁忙，且心理疏导工作是一项时间长、效率低、见效慢的工作，所以部分辅导员不愿花时间进行心理疏导工作，不利于辅导员应急管理能力的提升。高校辅导员降低对自身应急管理工作的要求会导致高校辅导员大局意识、高度的政治站位、网络教育能力、宣传引导能力、政治敏锐性、反思总结能力、监测预警能力、见微知著能力水平、网格化管理能力、快速反应能力、信息收集能力、心理疏导能力、善后处理能力以及责任感水平不足，影响高校辅导员能力素质、职业态度维度水平，进而导致高校辅导员总体应急管理水平不足。

三、大数据背景下辅导员职业化成长的应急管理工作的提升策略

（一）加强制度保障

国家教育主管部门作为辅导员的主管部门，需要以提升策略为动力推进辅导员职业化成长建设、完善高校应急管理相关政策制度、建立辅导员应急管理培养体系。

1. 推进辅导员职业化成长建设

目前，高校辅导员工作变得越来越复杂，尤其是遇到突发事件之后，没有专业背景以及经过专业训练的辅导员的素质已经不能满足这个需求。所以，如果想促成辅导员的成长，尤其是在应急管理方面，就要加强辅导员的职业化成长建设。国家教育主管部门推进辅导员职业化成长建设有以下三点措施。

第一，设置高校辅导员专业硕士点。国家教育主管部门可以在高校中增加辅导员硕士点，在日常学习中需进行应急管理知识和实践能力的学习培训，来培养职业化成长程度较高的辅导员，使突发事件及时准确有效地得到处置，也提高了教育管理工作的水平，对于培养辅导员更专业地进行应急管理工作起到重要作用。

第二，在各地建立辅导员协会。例如，市一级辅导员协会可以开展理论探索、课题研究、业务培训、工作交流和联谊等活动，编辑出版相关书籍、刊物。辅导员协会是以同一地区专家、全国优秀辅导员、高校一起组建的，通过建立辅导员协会来鼓励本地区的高校辅导员加入，可以推进辅导员职业化成长建设，对于培养辅导员更专业地进行应急管理工作起到重要作用。

第三，畅通辅导员队伍的晋升渠道。落实辅导员职级、职称双线晋升办法，职称评聘

计划单列、标准单设、单独评审，完善专职辅导员管理岗位晋升制度，对各地教育管理部门和高校加强监督落实。通过畅通晋升渠道，可以推进辅导员职业化成长建设，对于培养辅导员更专业地进行应急管理工作起到重要作用。所以通过以上三种提升策略可以提高高校辅导员应急管理整体水平。

2. 完善高校应急管理相关政策制度

第一，国家教育管理部门出台政策文件来完善高校以及辅导员应急管理工作。国家教育管理部门应出台高校应急管理政策文件，对高校应急管理工作进行明确规定，来指导辅导员的应急管理工作，如发布高校和辅导员应急管理工作或应对突发事件政策文件。第二，国家教育主管部门在辅导员政策文件中增加对应急管理的要求。在政策文件中增加对辅导员应急管理的要求，把高校辅导员应急管理模型中部分要求添加到文件中，依据文件，高校加强辅导员应急管理的培养，从而提高辅导员应急管理水平。第三，国家教育主管部门应设立高校辅导员资格认定制度。国家教育主管部门可以设立辅导员资格认定制度，让新入职辅导员满足工作 1 年的条件后可以认定高校辅导员资格，在认定时关注高校辅导员应急管理模型中知识素质、能力素质、职业态度三个维度是否达到基本要求。这样可以使认定后的辅导员具备相应水平的应急管理能力。

3. 建立辅导员应急管理培养体系

第一，国家教育管理部门整合资源建立高校辅导员培养发展平台。该平台可以促进不同高校辅导员进行内部交流，平台内容包括辅导员工作会议、辅导员论坛、辅导员案例分享、辅导员多彩活动、辅导员科研成果等形式，帮助辅导员提高应急管理水平。第二，国家教育管理部门应统一要求各高校建立辅导员工作室。辅导员工作室可以是一个或几个优秀的辅导员聚集在一起，通过以点带面的方式促进辅导员整体的成长。辅导员工作室通过开展学生活动、辅导员案例比赛、经验宣讲、论文课题撰写等方式来提升高校辅导员应急管理能力。第三，国家教育管理部门在高校试点进行辅导员“导师培养”模式。各高校新入职辅导员普遍经验欠缺，无应急管理工作经验，高校辅导员入职后，为新入职辅导员配备一名拥有多年辅导员工作经验的“师傅”，并把辅导员和“师傅”的工作成效挂钩，组成一个小组。这种“导师培养”模式可以使新入职辅导员快速提高应急管理水平，使“导师”进一步提高应急管理水平。

（二）高校落实职责

高校作为国家教育主管部门和辅导员之间的纽带，在辅导员提升方面发挥着重要作用，要落实辅导员提升的职责，高校层面应以调整辅导员招聘条件、重视辅导员应急管理培训和加强辅导员应急管理工作的考核为提升策略。

1. 调整辅导员招聘条件

高校要根据辅导员应急管理模型中知识素质、能力素质、职业态度调整辅导员招聘条件。第一，根据模型中职业态度维度要求限定所招聘辅导员的政治面貌。高校在辅导员招聘时限定政治面貌为中共党员，这样招聘的辅导员在面对突发事件时，具备高度的政治站位，可以更好地处理应急管理工作。第二，根据模型中知识素质维度要求增加对应急管理相关知识的考查。高校是自主招聘，可以自主设置招聘中笔试的内容和范围，增加对辅导员应急管理知识和法律知识的试题比例，增加对辅导员应急管理的考查，筛选应急管理水平较高的辅导员进入高校。第三，根据模型中能力素质维度要求增加对应急管理能力的考查。辅导员招聘面试环节可以更直观地反映辅导员真实的应急管理能力素质水平，所以可以在面试中增加突发事件处理案例分析、针对突发事件的无领导小组讨论和结构化面试等环节，把应急管理能力素质要求融入面试考查内容中，观察辅导员的临场反应来筛选应急管理水平较高的辅导员进入学校。通过以上三种策略可以提升高校辅导员应急管理中的大局意识、高度的政治站位、政治敏锐性、法律知识、应急管理知识、分析研判能力、危机意识、应急处突能力、奉献精神、责任感水平，提高高校辅导员知识素质、能力素质、职业态度维度水平，进而提高高校辅导员应急管理整体水平。

2. 重视辅导员应急管理培训

第一，高校要加强辅导员应急管理培训。应急管理培训是提升辅导员应急管理的重要方式，高校应该定期组织辅导员进行应急管理培训，提升应急管理培训在高校培训中的比例，除向辅导员传授应急管理知识外，还要组织辅导员学习应急管理相关技能，通过增强培训可以快速提高辅导员应急管理理论水平，促使辅导员把应急管理理论快速转化为实践。第二，高校应丰富辅导员应急管理培训形式。高校可以组织案例研讨活动，在每个决策阶段时，辅导员讨论每个决策可能出现的效果，最终再对案例实际做法进行分析，可以锻炼辅导员的应急管理能力。高校还应该积极组织辅导员参加辅导员技能大赛，辅导员大赛可以视为一次重要的应急管理培训。每年先在校内选拔优秀的辅导员推荐到省里参加比赛。通过组织参加辅导员技能大赛可以锻炼辅导员的应急处置能力。第三，高校应加强对应急管理培训效果的监督。高校在培训中可以通过记录考勤以及交流讨论来确保培训效果，在培训后可以采取作业和考试等形式巩固培训效果，从而防止辅导员应急管理培训“走过场”，提高辅导员应急管理水平。通过以上三种策略可以提高高校辅导员应急管理中的宣传引导能力、法律知识、应急管理知识、反思总结能力、分析研判能力、局面控制能力、危机意识、应急处突能力、组织协调能力水平，提高高校辅导员知识素质、能力素质维度水平，进而提高高校辅导员应急管理整体水平。

3. 加强辅导员应急管理工作的考核

第一，高校应把辅导员应急管理工作纳入辅导员绩效考核中，并设置合理的比例。高校应考虑把辅导员应急管理工作纳入辅导员绩效考核之中，并设置合理的比例，将其与辅导员的绩效工资及晋升挂钩。这样一来，辅导员也会重视应急管理工作，在以后的工作中会自觉提高自身水平来优化绩效考核的结果。第二，高校应及时进行考核后的奖惩工作。在辅导员应急管理工作考核后，对于绩效排名靠前的辅导员进行奖励，可采取召开表彰大会的形式，也可以给予一定的奖金奖励，丰富奖励形式。对于在绩效考核中排名靠后的辅导员老师要进行批评和谈话。对于应急管理工作中出现重大失职、重大失误的辅导员给予适当的处分或者降低绩效工资等。高校及时进行考核后的奖惩工作既是对应急管理工作的重视，也是促使辅导员应急管理水平提高的动力。第三，高校应细化辅导员应急管理考核指标。高校在应急管理考核中应把应急管理考核指标细化，例如，辅导员参加应急管理培训时长、组织学生进行应急演练的时长、进行案例分享的次数、发表相关应急管理学术成果的次数等。通过细化指标，可以使辅导员从多方面主动提升自身应急管理工作效果，从而提高辅导员应急管理水平。通过以上三种策略可以提高高校辅导员应急管理中的反思总结能力、善后管理能力、应急处突能力、奉献精神、责任感水平，提高高校辅导员能力素质和职业态度维度水平，进而提高高校辅导员应急管理整体水平。

（三）辅导员承担责任

辅导员作为主体，要根据国家教育主管部门以及高校的要求进行提升，承担个人提升的责任，个人层面提升以增加应急管理理论的学习、增加自身突发事件处理经验和提高应急管理工作的重视程度为主要策略。

1. 增加应急管理理论的学习

第一，辅导员通过制订计划增加应急管理理论学习的时间。辅导员要增加自身应急管理理论的学习时间，制订应急管理理论学习计划，在日常性的事务工作中抽出时间，每天或者每周进行固定时间的学习，通过制订计划来督促自己进行应急管理理论的学习，从而提升辅导员应急管理能力。第二，辅导员应丰富应急管理理论学习形式。首先，辅导员进行应急管理理论学习不能仅局限于书本上的知识，除了书本知识的学习还应该按照要求参加学校规定的应急管理培训，主动报名参加校外应急管理培训。其次，辅导员还可以通过专业教师的应急管理课程进行学习，在学校中寻找应急管理课程进行旁听学习。最后，辅导员还可以参与网络应急管理理论学习，网络课程种类繁多可以满足辅导员个性化需求，可以选择高质量的应急管理理论资源进行学习。第三，辅导员要树立终身学习的观念。辅导员要更新自身应急管理理论知识，尤其是对于有过几年工作经历的辅导员，他们认为学习理论知识并不重要，所以要转变思想，树立终身学习的观念。通过以上三种策略可以提高高校辅导员应急管理能力中的高度的政治站位、法律知识、应急管理知识、责任感水平，提高高校辅导员知识素质、职业态度维度水平，进而提高高校辅导员应急管理整体水平。

2. 增加自身突发事件处理经验

第一，辅导员要重视参加应急演练。部分辅导员虽然参加过高校组织的应急演练，但是应急演练是增加辅导员应急管理实践的最重要的形式，不能忽视它。辅导员在参与各类突发事件应急演练过程中要记录整个演练过程，并组织学生进行各类突发事件的应急演练，摒弃“走过场”的思想，促使自身提高应急管理能力。第二，辅导员向他人交流讨论突发事件处理经验。辅导员要向年长有经验的辅导员老师、团委（团总支）负责人、党委

（党总支）负责人、学工组长等请教，他们在教育战线工作时间长、经验丰富，通过请教可以学习突发事件的处理方法，增加自身突发事件的处理经验。辅导员除了向本校教师请教，还可以通过网络学习他人的应急管理经验，如今网络非常发达，辅导员可以通过在网络搜索微信公众号、微博和抖音中的关于突发事件处理的文章和视频来增加自身突发事件处理经验。第三，辅导员及时进行突发事件处理后的总结工作。在突发事件处理完成后，辅导员应对本次突发事件的处理过程进行及时总结，便于后期查看。辅导员还应及时把自己的总结和经验形成课题或者论文，这些学术研究成果对于后期自己职称评定、晋升发展等都有很重要的意义。通过以上三种策略可以提高高校辅导员应急管理能力中的大局意识、反思总结能力、分析研判能力、监测预警能力、局面控制能力、快速反应能力、善后处理能力、危机意识、应急处突能力、组织协调能力、责任感水平，提高高校辅导员能力素质、职业态度维度能力水平，进而提高高校辅导员应急管理能力整体水平。

3. 提高应急管理工作的重视程度

第一，辅导员在应急准备和事前预防阶段提高重视程度。辅导员要建立“辅导员—班团干部—宿舍长—同学”的监测预警机制和班级联络员机制。宿舍长和班团干部主要负责对于突发事件和可能发生的突发事件的“信号”进行预警，重点关注同学的异常行为。且每个班级可以选择少数普通同学作为信息联络员，因为普通同学深入学生之中，对于学生中危机苗头可以及时报告辅导员老师，信息联络员的主要任务是进行预警。第二，辅导员在事中处置阶段提高重视程度。一是辅导员手机应 24 小时保持开机可接听状态，接到学生电话时第一时间介入处置，亲临一线工作。二是辅导员可以采取“辅导员—班团干部—宿舍长—同学”的网格化管理模式高效收集信息，以宿舍为单位的网格化模式便于管理且效率高。三是辅导员提升微信、微博、抖音、快手等新媒体软件使用率，关注学生的网络思想动态，进行价值引领。还可以创立个人微信公众号和个人抖音账号，通过公众号、抖音号的影响力进行网络教育工作。第三，辅导员在事后恢复阶段提高重视程度。一是在事后恢复阶段精准定位，定位突发事件的当事人及相关人员，与他们进行“心灵沟通”。辅导员应定位学习成绩骤然下降的学生、近期经常与同学发生矛盾的学生、乐观开朗变得不积极的学生、主动进行心理咨询的学生等，帮助他们缓解自身心理问题，最终达到心理育人的效果。二是辅导员要定期召开心理健康教育主题班会。辅导员应选对时间点定期召开心理健康教育主题班会，如在应急管理工作的事后恢复阶段、开学前期、热点心理事件后、重大节日前后、期末考试之前等学生心理可能发生问题的时间段，召开心理健康教育的主题班会。通过以上三种策略可以提高高校辅导员应急管理能力中的大局意识、高度政治站位、网络教育能力、宣传引导能力、政治敏锐性、反思总结能力、分析研判能力、监测预警能力、见微知著能力、快速反应能力、善后处理能力、网格化管理能力、危机意识、心理疏导能力、信息收集能力、应急处突能力、组织协调能力、奉献精神、责任感能力水平，提高高校辅导员能力素质、职业态度维度水平，进而提高高校辅导员应急管理整体水平。

第五章　大数据背景下辅导员工作成效的评估

高校辅导员是我国高校师资队伍中重要的力量，在大学生成长成才的过程中扮演着重要角色，是大学生成长道路上的知心人和领路人，其责任特别重大。辅导员只有不断增强职业认同感和使命忠诚度，站好立德树人的工作岗，守好大学生教育的责任田，才能确保青年大学生的成长成才与国家发展同向同行。在大数据背景下对辅导员的工作成效进行合理科学的评估，既是对高校辅导员工作的公正评价和肯定，也是保证辅导员事业蓬勃发展的关键，同时也能为高校育人事业打好人才基础。

第一节　大数据背景下辅导员工作成效评估概述

一、概念说明

（一）工作成效的概念

工作成效历来受到人们的普遍重视，是学者关注的焦点问题。但是由于工作成效自身具有复杂性、动态性等特点，研究者在工作成效研究上难以达成共识。有人认为，绩效是指实现一定目的的一切行动，取得的成果是大家公认的，并且客观存在。还有人认为，绩效就是某种行为所取得的成果，又可称为效果、成就等。绩效包括了工作态度、能力、效率等方面，它是对员工在完成任务过程中所获得的实际成果以及相应结果的一种度量。所谓绩效，是指一个单位为实现一定目标而产生的行为结果，这一结果是可测量的，也是可评估的。

（二）工作成效的影响因素

对工作成效有四个影响因素，也就是职工的能力、激励、环境、社会，前两者都是本人主观性的影响因素，后两者为客观性的影响因素。能力指的是员工的工作技巧和能力水平，技能对成效的影响比较直接。激励，作为影响成效的因素，是通过提高工作积极性来发挥作用的。环境，可以分为组织内部环境和组织外部环境两类。与前面三种影响因素相比，机会是一种偶然性因素。

辅导员主要进行学生工作，辅导员的工作成效除了对他行为结果的关注以外，还应该关注辅导员对学生的贡献，帮助学生在成长过程中取得了什么进步。如果辅导员对学生取得的成就起了很大的帮助作用，那么辅导员心理将获得很大的满足，进而影响辅导员工作的态度和热情，影响辅导员的工作成效。因此学生成就可以作为高校辅导员工作成效的一个维度。

综上所述，本书将辅导员工作成效分为四个维度，分别是任务绩效、关系绩效、学习绩效和学生成就绩效。

二、辅导员工作成效影响因素

（一）社会认可度

来自社会和学校的认可会影响辅导员行为和工作成果，也会影响他们的工作成效表现。

（二）物质报酬

在工作成效的四个影响因素（能力、激励、环境和机会）中，工资福利是环境因素的一个组成部分，但在辅导员设置辅导员岗位津贴后，辅导员的绩效表现究竟如何，是一个值得探讨的内容。

（三）工作挑战度

2011 年，学者 Klehe 认为挑战性压力是职业成功、工作满意度与职业适应性等职业成长结果变量的重要影响因素。Glendon 在 2016 年提出挑战性压力即员工动员可用资源所能处理的工作要求，因而员工评估此类压力时会带来员工积极的态度与行为结果。根据 Bandura 提出的有关理论，积极情绪状态和高水平自我效能感之间具有显著相关关系。工作挑战度对辅导员的工作效果有积极影响，辅导员面对有挑战度的工作的时候，工作情绪会变得积极，他自身的工作成效也会随之提高。长此以往保持下去，工作能力也会步步提升。

三、辅导员工作成效评估的理论基础

要对辅导员工作成效评估与改进进行研究，首先，就要重点说明对辅导员进行工作成效评估的理论依据，本节主要以比较成熟且公认的能力本位评估理论为主要评估方法。其次，任何辅导员都存在一个从新手辅导员向专家辅导员发展的过程，这一过程也是工作成效发展的过程，最终是为了工作成效的发展，因此，工作成效发展理论也是本节的一个重要出发点。再次，辅导员是高校极为重要的人力资本，对他们的工作成效进行评估的目的在于提升工作成效，这就要求高校要重视对这支队伍进行教育投资，因此，人力资本理论也是本节重要的理论依据。最后，本节的研究对象是具有中国特色的学生工作群体——辅导员，辅导员是学生工作的重要骨干力量，因此必须依据教育理论，在此理论视域下探讨辅导员工作成效评估与发展的问题。

（一）能力本位评价理论：辅导员工作成效评估的内在机理

能力本位评价的核心是围绕着工作成效进行评价，从评价内容来看是对工作情境中所体现的工作成效的评价，从评价方式上来说是基于工作场所中实际的工作表现，辅之以其他工作任务的完成，从评价的模式来看不是根据常模参照评价，而是个性化的标准参照评价，具有很强的灵活性。因此，对能力本位评价理论的梳理和借鉴，是构建高校辅导员工作成效评价体系的重要前提。

1. 能力本位评价理论

能力本位强调岗位能力，该思想提出后被逐渐运用到职业教育与培训行业，能力本位评价随之也逐渐受到关注。如今在迅速变化的劳动世界，能力的获得已然成为个人、组织和国家战略不可或缺的重要组成部分。一个组织的市场价值越来越依赖于能力以及诸如知识、忠实客户和其他人力资本的表现形式①，这些因素推动了能力本位评价的发展。所谓能力本位评价就是基于规定的能力标准对个体能力进行评价，如果一个职业建立了一套能力标准，比如入门级能力标准，那么该职业所有的新入职者都要符合这些能力标准。能力本位评价是确定候选人是否达到规定的能力标准的过程。能力本位评价可以确定一个人是否符合工作所要求的能力标准。能力本位评价的核心是评价“能做什么”，而不是“知道什么”，能力本位评价力图把“能力”而不是“书面知识”作为评价对象，是基于对各种任务执行的情况进行推断，其直接衡量的是与具体工作相关的技能和能力。② 与传统评价方式相比较而言，能力本位评价有其特有的优势，在教育领域中，能力本位评价主要是克服评价重知识、轻能力的弊端。尽管有一些批评者对能力本位评价持质疑和反对的态度，但能力本位评价更接近于评价专业人员在实践中的整合知识、价值观、态度和技能。

能力本位评价采用的是工作样本测验，工作样本就是从工作过程中选取典型的工作任务，根据被评价者在工作过程中的表现，尤其是工作任务的完成情况，对他们是否具备了所从事职业要求的职业能力做出判断。③ 能力本位评价过程依据以下流程：第一，开发职业标准。能力本位评价首先要开发职业标准，通常采用的技术是职业分析，开发出来的职业标准应全面、具体、明确，具备可操作性。第二，选取典型工作样本。工作成效评价标准由很多小单元构成，每一单元都要选取具有代表性和典型性的样本。第三，准备工作成效评价材料。工作成效评价材料是指被评者在完成工作任务过程中的证据，主要包括评价规则、评价过程记录表格、完成工作任务需要的材料、评价结果的记录表格等。第四，施行工作成效评价并记录评价结果。第五，对工作成效进行逐项评价。根据工作成效评价标准的要求，评价者要逐步分单元对被评价者的工作表现进行评价，在评价过程中要做到严谨、客观。第六，总结性评价。评价者根据每个小单位的评价结果，反馈给被评价者一个整体评价结果。第七，再次评价。过程中总会有评价不通过的被评价者，应给予他们再次

① 余晓．卓越工程师培养：工程实践教育的理论与实证［M］．上海：上海交通大学出版社，2013.

② Hagar P，Gonczi A，Athanasou J. Generalissues about assessment of competence［J］. Assessment and Evaluation in Higher Education，1994，19（01）：3-16.

③ 徐国庆．实践导向职业教育课程研究：技术学范式［M］．上海：上海教育出版社，2005.

评价的机会。①

2. 能力本位评价理论的应用价值

能力本位评价不仅跨越了文化、性别和种族差异，还突破了认知、刻板印象和主观性的局限②，因此，能力本位的评价具有更高的公平性和客观性。尽管能力本位评价在信度和效度方面存在一些问题，但是能力本位评价规避了传统评价方式的诸多不完善之处，它把工作成效作为评价的出发点和落脚点，在评价内容、评价所采取的测量方法、评价标准和评价组织形式等方面能为高校辅导员工作成效评价提供很好的借鉴，也值得在辅导员工作成效评价中普遍推广。能力本位评价采纳的工作样本测验为选取高校辅导员典型工作任务提供了方法，借鉴该方法可以找出工作情境中辅导员具有典型性和代表性的工作任务，同时还有利于加强高校领导对辅导员工作成效的重视，促进他们工作成效的提高。此外，能力本位评价的过程也为高校辅导员工作成效评价的路径设计方面提供了重要参考。

（二）工作成效发展理论：辅导员工作成效评估的目标取向

每一种职业都有明确的职业发展目标，也都存在着通向目标的职业生涯发展路径，只有这样，个体的工作才会有奔头。对于辅导员，尤其是年轻的辅导员来讲，随着刚入职时的工作激情和工作干劲的褪去，都会更加关心自己未来的职业发展规划。高校辅导员未来的出路在哪里？他们的职业发展通道如何？这些会是每一位辅导员在职业发展过程中都认真思考的问题。工作成效发展理论能够在辅导员工作成效的发展路径、工作成效评价指标建设、工作成效发展每个阶段的特点等方面提供参考。

1. 工作成效发展基本理论

高校辅导员从事的是学生事务工作，对学生事务工作是否是一种“职业”，长期以来存在着不同的观点。保罗（Bloland，Paul A.）基于摩尔模型，认为学生事务工作本身可能不被视为职业，但是学生事务工作的辅导员可以作为专业人员从事该工作。③ 卡彭特（Carpenter）、米勒（Miller）和温斯顿（Winston）根据韦伦斯基（Wilensky）提出的基于社会学视角的职业标准，确定学生事务工作是一个“新兴职业”。④ 与其对学生事务工作是不是一种职业进行讨论，不如将注意力集中到辅导员工作成效发展上，即高校辅导员是一支受过高等教育并且竭力为学生服务的队伍。

工作成效发展的最终目标是促进职业发展，职业发展与工作成效紧密结合在一起，因此职业发展活动是从业人员为了不断更新自己的工作成效而进行的活动。1981 年，卡彭特（Carpenter）和米勒（Miller）根据人类发展理论提出学生事务从业人员职业发展的四个阶

---

① 范巍．专业技术人才职业资格制度和职业标准［M］．北京：党建读物出版社，2016.

② Fischer H，Maritz D. Competence：Efficient way of increasing people potential［J］．HRM，1994，10（9）：22-30.

③ Bloland，Paul A. The profession alization of student affairs staff［J］．ERIC Digest，1992（12）：1-7.

④ Carpenter DS，Miller TK，Winston Jr RB. Toward the profession alization of student affairs［J］．NASPA Journal，1980，18（2）：16-22.

段：形成阶段、应用阶段、积累阶段和生成阶段。学生事务从业者必须掌握每一发展阶段的增长点，才能顺利进入下一阶段。学生事务从业人员的成长阶段就是一个“从新手到专家”的发展过程，每一阶段的工作成效的要求是不一样的。心理学家赫威斯（R. J. Havighurst）认为，学习者在职业发展中只有自己独立完成一系列典型工作任务，才能促进工作成效的发展。按照这一思想，德国不莱梅大学教授劳耐尔（Felix Rauner）认为人的工作成效发展阶段往往分为五个阶段，即新手、高级新手、熟手、能手和专家，这五个职业能力发展阶段的任务特点、行动特点都不相同，具备的能力水平也不一样。据此，可以概括出四个学习范围，每个范围的工作任务类型不同，行动特点也不一样，每完成一项工作任务意味着工作成效的新发展。

从新手发展为专家要经过工作经验的不断积累和在职培训，在职培训包括正规的（即教育机构）和非正规的（即专业协会）教育培训。在职培训是一种指导形式，向新手提供适当的知识，以发挥其在组织中的作用，培训内容会根据工作调整。[①] 新手往往通过借鉴他人经验来学习，以避免犯和他人同样的错误。与新手相比，专家通过与同伴对话和分享的方式学习到更多。[②]

职业认同感在工作成效发展过程中的作用不能忽视，任何职业的发展过程既是工作成效发展的过程，又是职业认同感不断深化的过程。学习者在认识职业、体验职业、熟悉职业并适应职业的实践过程中逐渐形成职业认同感，并在此过程中不断发展和提升自身的工作成效。

2. 工作成效发展理论的应用价值

工作成效发展理论在工作成效评价领域、专家知识研究及工作成效发展模型当中有着广泛应用。依据工作成效发展理论，高校辅导员也是按照“从新手到专家”的职业成长五阶段理论进行的。高校辅导员的职业发展与医生、会计和律师等其他领域的专业人员相似，都可以通过系统的知识学习与培训不断积累实践经验，实现“从新手辅导员到专家辅导员”的转变。按照这一职业成长的发展规律对辅导员进行培训，可以作为提升辅导员工作成效的新范式。

此外，把工作成效发展理论作为本节理论分析基础，探究不同工作成效发展阶段、不同职业等级的高校辅导员的具体要求，为制定高校辅导员工作成效评价的维度奠定基础。在运用工作成效发展理论时，辅导员可以监督、指导和规划自身发展，要注意辅导员的职业发展过程是不断更新自身工作成效的过程，在这一过程中职业发展还会受到职业环境及个人主观能动性的影响。

---

① Gherardi S, Nicolini D, Odella F. Toward asocial under standing of how people learn inorganizations: the notion of situated curriculum [J]. Management Learning, 1998, 29 (03): 273.

② Daley BJ. Novice to expert: An exploration of how professionals learn [J]. Adult Education Quarterly, 1999, 49 (04), 133-147.

（三）人力资本理论：辅导员工作成效提升的组织管理逻辑

对于一个国家来说，人力资本是促进国家经济增长的重要动力；对于一所高校来讲，人力资本同样是学校质量提升的主要动力。在高校，师资队伍就是重要的人力资本，通过多种途径提升师资队伍的数量和质量，已经成为高校制订推动学校发展的重要内容。但是，对于大多数高校管理者来讲，他们更看重专任教师的发展，对他们进行人力资本投资，反而忽视辅导员这支队伍的建设和发展，重视对他们的使用，轻视对他们的培养。以人力资本理论的视角来研究高校辅导员工作成效，不仅符合人力资本的理论框架，更有助于从投入产出的角度来深刻剖析辅导员工作成效结构优化的内在机理。因此，从人力资本的角度来审视辅导员的工作成效，对于推动辅导员职业化发展具有重要的意义和价值。

1. 人力资本理论的核心思想

古典经济学理论认为社会劳动分工的不断深化与演进是促进经济发展最根本的原因①，古典经济学理论把物质因素当成国家经济发展的唯一动力，却忽视了人的质量因素在经济增长中发挥的作用。人力资本理论认为，与物质资本不同，人的知识与能力也是一种资本。西奥多·舒尔茨（Theodore W. Schultz）是人力资本理论的提出者，他认为人力资源包括劳动力的数量与质量②，他更加关注的是通过对自身投资来提高劳动者本身所具有的知识、技能及所表现出的能力，学校教育则是人力资本的最大投资。

继舒尔茨之后，1962 年，美国经济学家加里·贝克尔（Gary S. Becker）在《政治经济学杂志》上发表了《人力资本投资：一个理论的分析》这篇文章，1964 年，又发表了经典著作《人力资本》。他特别强调正规教育和在职培训对人力资本形成的重要作用③，贝克尔运用微观经济分析构建了人力资本微观行为分析体系，增加了人力资本理论的丰富性，贝克尔也因此成为人力资本理论发展的杰出人物。

20 世纪 80 年代以来，人力资本理论得到了进一步发展，代表人物是最早提出内生经济增长模型的学者罗默（Paul M. Romer）。1986 年，他发表了重要文章《收益递增与长期经济增长》，1990 年又发表了《内生技术进步》。他的思想核心是：（1）经济增长率是由人力资本的存量决定的，与劳动力规模及生产工艺无关。（2）决定经济增长的并不是人口规模而是人力资本。罗默提出的内生经济增长理论详细论证了人力资本数量和质量与经济增长的关系。另外一位重要的代表人物是卢卡斯（Robert E. Lucas），最主要的贡献体现在 1988 年发表的文章《论经济发展的机制》。卢卡斯将人力资本分为内部人力资本和外部人力资本，内部人力资本主要指的是知识、技能的增长对经济发展的影响。相比内部人力资本，他更加关注外部人力资本，外部人力资本指的是人力资本的社会遗传性。④ 罗默、卢

---

① 姜玉鹏．理论与实践：人力资本理论的系统性研究［M］．济南：山东人民出版社，2009.

② 闵维方．人力资本理论的形成、发展及其现实意义［J］．北京大学教育评论，2020（01）：9-26.

③ 杜育红．人力资本理论：演变过程与未来发展［J］．北京大学教育评论，2020（01）：90-100.

④ Lucas Jr RE. On the mechanics of economic development［J］. Journal of Monetary Economics，1988，22（01）：3-42.

卡斯的内生经济增长理论通常被称为第二代人力资本理论。

赫克曼（James J. Heckman）和贝克尔一样，也是从个体微观的视角来分析人力资本。赫克曼透过生命周期动态的角度去分析人力资本投资，人力在一个生命周期获得的技能会成为下一阶段生命周期的初始条件和学习基础。他认为对人力资本的分析不仅包括认知能力，更重要的是从非认知能力来分析人力资本，非认知能力包括身心健康、毅力、自信心、专注力、自我激励、社交能力等，非认知能力在工作场所和学校都起着非常重要的作用。人们的认知能力、非认知能力在生命的幼儿期就开始形成与发展，这一时期家庭环境起到决定性作用[①]，然而，人们往往讨论更多的是学校的作用。

此外，人力资本投资不是一次性投资，它具有可调整性和持续性。在一生中，人力资本的最终形成依靠的是多次持续投资行为，而不是一次性的投资行为。例如，人们除了接受从小学到大学这种持续的教育投资过程之外，在正规的学历教育结束之后，还需要在工作中接受在职培训这种非正规的教育活动。本质上来讲，人力资本的投资乃是一个终身学习的过程，这个特性在现代社会尤为明显。

2. 人力资本理论的应用价值

人力资本是凝结在个体身上的知识和能力，人力资本虽然很好定义却难以测量。如何测量无形的人力资本？主要有教育指标法、成本法和收益法。人力资本最新的测量方法是2018 年世界银行专家构建的一种更全面、更综合的测量方法，人力资本测量方法的不断完善和发展为高校辅导员工作成效测评提供了借鉴。更为重要的是，目前，高校辅导员作为高校重要的一支师资队伍，数量上越来越满足国家规定的要求，相对于辅导员数量，辅导员的质量，也就是人力资本显得越来越重要，人力资本突出表现在辅导员工作成效的提升上。对于辅导员来讲，通过教育培训是工作成效提升的重要途径，也是辅导员这一人力资本形成的主要途径。因此，要注重对高校辅导员的培训，将潜在的人力资源转化为人力资本，进而提升他们的工作成效。

此外，人力资本理论发展过程中对于一般人力资本与专用人力资本以及认知能力与非认知能力间的联系和区分，为本书在进行高校辅导员工作成效指标分类时提供参考价值。随着高校学生工作性质的不断变化以及辅导员工作岗位的复合性加快，高校辅导员在工作过程中所需要的职业知识越来越综合化，这就对辅导员的非认知能力提出了更高的要求，比如他们的亲和力、同情心、工作的专注度、条理性、合理控制自己情绪等。

基于人力资本理论，明确高校辅导员工作成效结构特征要素的构成，在高校组织层面把辅导员这支队伍作为重要的人力资本进行投资，不仅有利于提升高校辅导员自我价值的实现，更能有效地发挥辅导员队伍在学校管理及育人方面的重要作用。

① 詹姆斯·赫克曼，罗斯高．世界经验对中国儿童早期发展的启示——罗斯高（Scott Rozelle）与詹姆斯·赫克曼（James Heckman）的问答录［J］．华东师范大学学报（教育科学版），2019（03）：129-133.

第二节　大数据背景下辅导员工作成效评估发展

一、辅导员工作成效差异格局的成因

20世纪70年代末，美国心理学家布朗芬布伦纳发现，以华生为代表的行为主义把环境作为个体行为的决定因素，片面强调环境对个体行为的影响，以班杜拉为代表的社会学系理论虽然强调环境与人的相互影响，但是并没有清晰地描述个体发展的环境。鉴于此，他提出了生态系统理论，试图揭示环境与人之间复杂的相互影响。他认为，个体发展的生态环境从内到外可以分为微观系统、中间系统、外层系统和宏观系统四个层次①。受到布朗芬布伦纳生态系统理论的启发，本节认为高校辅导员工作成效差异格局形成的因素最直接的环境是个人系统，其次是高校系统，最外层是国家系统。在国家系统层面，将从国家宏观政策制度方面进行分析；在高校层面，将从高校辅导员招聘的具体举措、辅导员考核实施细则等政策方面进行分析；在个人微观层面，将从个人态度、个人情感和个人行为三方面来进行分析。从国家宏观到高校中观再到个人微观层面，三者之间相互关联，共同影响着我国辅导员工作成效的差异。

（一）国家宏观层面的举措

从党的十八大提出教育以立德树人为根本任务以来，高校辅导员队伍进入了可持续发展期，辅导员队伍建设得到了前所未有的重视，国家层面对于辅导员队伍建设采取了一系列具体的、有针对性的举措，辅导员工作成效整体表现良好与这些举措是分不开的，我们主要从顶层设计、内涵发展、科研平台三个方面来分析。但是，我国经济社会发展存在着区域差异，直接影响到高等职业教育发展，这也是高校辅导员工作成效存在差异的原因。

1. 注重内涵式发展

辅导员队伍的内涵式发展是指提升自身的专业内涵，充分挖掘内在潜力，充分利用现有教育资源，优化个体能力结构，提升队伍的整体质量来谋求发展的模式。教育部第43号令对辅导员的选聘更加明确，指出辅导员首先要具有坚定的理想信念和较高的政治素质，其次要掌握做好工作所需要的基础知识与原理，最后要具备较高的价值引领能力、组织管理能力与调查研究能力等。为了进一步优化辅导员的专业知识结构、提升辅导员的工作成效，教育部统筹国家层面的培训工作，设立高等学校辅导员培训和研修基地，开展国家级示范培训，每年都会根据辅导员的发展需求，进行专题培训，比如开展大学生生涯发展与就业服务质量培训、大学生道德规范和学风建设培训等。此外，教育部还进一步建立并完善国家、省级和高等学校三级培训体系，有计划、有组织地开展新入职辅导员培训、

① 周宗奎．儿童青少年发展心理学［M］．武汉：华中师范大学出版社，2011.

辅导员的日常培训等系列进修和培训，全面提升辅导员工作成效。

此外，教育部还为高校辅导员提供更多的国内高校挂职、国际学校交流学习和研修深造的机会，相关部门还会为辅导员到地方党政机关等基层挂职锻炼积极创造条件，从实践的广度和深度来提升辅导员的工作成效。教育部每年都会组织系列活动助力辅导员内涵建设，比如，举办高校辅导员示范培训班，开展辅导员工作精品项目培育建设等。

目前，我国已经基本建立了比较符合高等教育发展需要、比较符合辅导员职业发展规律的培训机制，基本构建起内容完善、形式多样、科学合理的培训体系，有力地推动了辅导员内涵式发展，这也是高校辅导员工作成效表现良好的又一重要因素。

2. 搭建科研平台

为了支持高校辅导员结合学生工作实践开展教育科学研究，不断提升教育科学研究的能力，近年来，各主管部门专门为辅导员设立单独的科研项目，比如，教育部人文社会科学研究专项任务项目，仅限高校专职辅导员申报（特指从事大学生工作的一线在岗在编人员，包括学生工作副书记、学工组长、团支部书记等）。中国高等教育学会也非常重视辅导员的发展与成长，专门成立了辅导员工作研究分会，每年都会定期组织全国高校辅导员年度人物评选、全国高校辅导员职业能力大赛等，并出版会刊《高校辅导员》。国家层面搭建多种科研平台，创造多种科研机会，为辅导员提升科研能力提供了有利条件和机制保障。

（二）高校中观层面的举措与机制

学校制定的关于辅导员的政策文件主要是立足于本校辅导员的现实需要，着眼于学校辅导员的未来发展。辅导员工作成效的发展不仅需要国家顶层的制度设计，也需要学校提供成长的土壤。虽然，高校从辅导员的招聘、培养和管理考核等方面保证了辅导员的工作成效发展，但是在这些方面还存在精细化不足的问题。

1. 高校辅导员招聘机制

高校辅导员的招聘、选拔是高校学生工作团队建设的起点。能否选聘到高素质的人才加入辅导员队伍，是高校建设职业化、专业化辅导员队伍的前提。近年来，高校都非常重视辅导员的招聘工作，高校在招聘辅导员时非常看重应聘者的政治面貌、政治素养、思想道德等方面。

高校还建立了一套严格规范的辅导员的招聘程序，严格的准入程序保证了把德才兼备的优秀人才遴选进辅导员队伍，有效保证了高校辅导员可以具备较高的工作成效。

2. 高校辅导员培养机制

高校除了对辅导员选聘严把“入门关”之外，也非常重视对辅导员的培养，制定了辅导员的培养细则，培养制度逐渐完善，保障了辅导员队伍的健康发展。

许多高校还为了加强辅导员理论科研能力，把辅导员的科研纳入学校科研工作规划，按一定比例设立教育辅导员定向课题。鼓励和支持辅导员适度承担理论课、心理健康教育、就业指导、党课团课等相关课程或相关专业课程的教学工作。

近几年，高校辅导员工作室逐渐成立，也涌现出了一批具有较强影响力的辅导员工作室。为了加强和规范辅导员工作室的建设和管理，一些高校还专门制定了《辅导员工作室建设与管理办法》。高校辅导员工作室的建设，能够发挥辅导员队伍中先进典型的引领示范、辐射带动作用，带领一批辅导员开展研究，培养一批学生工作带头人和工作骨干，提高大学生教育工作质量。

为了保障高校辅导员队伍建设可持续发展，许多省市高校都设立辅导员队伍培训专项经费及辅导员课题专项经费，实行专款专用。

3. 高校辅导员管理考核机制

辅导员的管理考核机制关系到每一位辅导员的工作表现和工作业绩，合理的管理考核机制，能够充分发挥他们的积极性、主动性和创造性，通过有效管理考核机制，能够实现辅导员工作成效价值的最大化。每一所高校都制定了关于辅导员队伍的管理考核机制。

4. 机制的精细化

高校在辅导员的招聘环节要注意辅导员的专业背景。例如，教育学、心理学背景的辅导员在教育上不占优势，男性辅导员在就业创业指导能力上强于女性辅导员。教育学、心理学背景的辅导员在开展大学生的教育工作时，和其他专业背景的辅导员相比没有优势可言，这种差异主要体现在辅导员的专业背景上，本科院校招聘辅导员，有教育、心理学、教育学相关专业背景或从业经历者优先，其他高校招聘辅导员时并不局限应聘者的专业背景，所以辅导员队伍专业背景更加多元化。多样性的专业背景更能够贴近学生实践，比如对电算会计、旅游管理和星级酒店管理等专业的学生进行教育，具有相应专业背景的辅导员才能够结合学生所学专业更有效地开展教育。此外，其他高校的学生和本科院校学生相比，自律性比较差，各种意外情况比较多，这就需要辅导员做学生工作时掌握方式方法，尤其是学生管理的技巧，具有管理学背景的辅导员相比教育学专业毕业的辅导员来讲在这方面更有优势。

在培养环节，高校更要注重对职业生涯咨询、创业政策宣传、创业项目咨询、创新创业大赛指导和教育科学研究五项职业能力的培养。当前高校辅导员在职业生涯咨询上表现不好的原因，大体如下：职业生涯咨询需要有专业知识和方法，这就需要辅导员具备相应的心理学专业背景，然而具有心理学背景的辅导员数量很少。另外，职业生涯咨询需要辅导员具有较为丰富的人生阅历和工作经验，而我国高校辅导员队伍呈现年轻化，在工作年限上，新手辅导员较多，缺少工作经验和人生经历的积累。高校辅导员在教育科学研究能力上表现不好的原因大致如下，高校辅导员学生事务性的工作，比如检查卫生、学生打架、作息问题等占用了大部分的时间和精力，辅导员的工作压力特别大，工作内容琐碎繁杂，导致辅导员对于科研有心无力，现在的辅导员队伍以研究生为主，他们虽然有研究的意识，但是从上往下的视角比较多，从实践工作中思考比较少。

在管理考核环节要注重激发 6~10 年工作年限的辅导员的工作热情。6~10 年工作年限的辅导员具有较强的日常管理事务的能力，但是，他们在危机事件应对能力上存在“中年危机”，这主要是因为他们大多处于“上有老下有小”的阶段，一方面成家后面临着较大的经济与社会压力，另一方面，他们的工作境遇似乎处在一个尴尬的境地，学生工作本身繁杂琐碎、程序性和重复性较强，长此以往，很容易产生职业倦怠。比如新生入学，每学期9月份开学都要迎接新生，制订迎新方案、班干部选举、贫困生认定、学生户口迁移、整理新生档案等，第二年迎新生又要重复做这些工作。重复劳动致使发挥个人创造性的空间和机会少，工作热情和激情很容易就会被消磨掉，极易导致辅导员相关工作成效的下降。

（三）辅导员个人微观层面的态度、情感和行为的差异

1. 个人态度：对职业认同却对高校不认同的价值错位

在应对过往生活带来的挑战时，态度发挥着非常重要的作用。在日常生活中，我们没有办法控制那些发生在我们身上的事情，但我们可以掌控自己的态度。[①] 我们的态度决定了我们的满意度、幸福感和满足感，甚至是我们的身心健康程度。

辅导员之所以选择到高校当辅导员，主要是因为工作性质和工作平台，学生与学校是辅导员价值认同感的主要来源，对学生的责任感与对学校的归属感是保持辅导员较高工作认同感的重要因素。辅导员获奖难也会影响到他们的职业认同。

2. 个人情感：既喜欢又想逃离的矛盾心理

首先，情感的形成需要时间的沉淀，辅导员对其职业的情感需要从自身的学生工作实践中积累，也能通过和同行的接触逐渐认同并内化。情感会对人们的行为产生深远影响，情感将引导人们做出判断进而行动，起到动力作用。[②] 高校辅导员的个人情感也深刻影响着他们的职业选择。

其次，工作时间长和工作压力大也是辅导员选择离开的主要原因。[③] 虽然大多数辅导员都喜欢这一职业，但大都把辅导员当作一个跳板，只有部分辅导员选择长期坚守下去。很多辅导员带满一届或两届学生后，要么选择转到其他行政岗位，要么考取公务员或其他本科院校，这支队伍的稳定性不强。[④]

二、高校辅导员工作成效提升建议

（一）优化绩效考核

辅导员工作成效是多维度的，这就需要多角度地对辅导员的工作成效进行考核。让学

① 里克·约翰逊（Rick Johnson）. 称职的父母：如何为孩子创建健康的原生家庭［M］. 郑淑丽，译. 上海：上海社会科学院出版社，2019.

② 安妮·麦基. 管理学：聚焦领导力［M］. 赵伟韬，译. 上海：格致出版社，2017.

③ 吴巧慧. 高校辅导员标准研究［M］. 北京：北京交通大学出版社，2017.

④ 万移风. 教育现代化背景下高职院校辅导员队伍建设［J］. 西部素质教育，2019，5（13）：98-99.

生、领导、辅导员都参与到考核中来，使绩效考核更科学化，更人性化。上级领导，还有学生、同事都与辅导员工作有密切交往，可从不同角度对辅导员工作进行评价。如此得出最后的综合评估结果是从多个角度进行的评价，而非单一的角度，避免片面性和主观性。通过这种方法能够更客观地衡量出每个被考核者的能力水平，尽量使每个被考核者都能得到公正对待，有的放矢地提高工作成效。

应注重辅导员的专业知识水平，辅导员所承担的任务是相当繁重的，因此，要求辅导员必须具备高水平的职业素养，大学生辅导员作为高校思想理论教学和管理工作的中坚力量，承担着教书育人的职责。辅导员所带的班级和辅导员本身的专业领域可能不同，这就需要辅导员要学习和了解相关专业，为学生在就业的道路上指引方向。因此在绩效考核中应该重视对其学习能力的考核，可以通过对辅导员设置各种形式的考试和比赛，不局限于职业技能。

辅导员应是以学生工作为主，只有做好学生工作，才能更好地开展其他各项工作。辅导员是大学生思想上的引领者、学习上的监督者、生活上的照顾者，辅导员的能力水平对学生有着重要影响。因此，学校应该把考核重点同样放在学生身上。可以从学生层面和班级荣誉层面来对辅导员的学生成就绩效进行评估：一是对学生贡献的硬性指标，比如，帮助学生获得的荣誉奖项；二是通过学生，以学生为角度来了解，学生认为辅导员对于他的帮助的重要性。

用定量、数字化方法评价辅导员任务绩效，以增强评价的准确性、客观性。在高校日常管理中，有很多工作可以采用定量或数字化方法去完成。量化指标一般都具有客观性和正确性，但是，并不是所有工作都能测量出来。因此，在具体应用时就需要根据实际情况确定其适用条件。大学辅导员在工作时，往往会牵涉许多繁杂的生活事务，如果仅依靠主观判断来评估他们的业绩，就很难全面地反映出他们的实际能力。但是很难量化大学辅导员的所有领域，如果只强调某一方面而忽视其他方面就会导致评估结果出现偏差，从而使评价失去意义，影响整个高校的发展。因此在对大学辅导员绩效考核指标体系进行设计时，还必须处理定性与定量的关系。

应将关系绩效纳入绩效考核范畴，辅导员和同事之间关系融洽，妥善处理好工作冲突与人际冲突，主动协助同事执行工作，对整体绩效起到了至关重要的影响，所以关系绩效的考核也建议列入绩效考核的范围。辅导员与同事的和谐相处，更好地适应组织的发展趋势和组织的宏伟目标以及积极地帮助同事完成任务，对于整体绩效起重要作用，因此绩效考核中必须增加关系绩效的部分。

（二）提高社会各界认可度和薪资待遇

国家的一系列举措提高了辅导员在高校和社会上的地位，这大大提高了辅导员的绩效表现。教育主管部门可继续加大提高辅导员的地位的举措，宣传高校优秀辅导员事迹，既可借助传统媒体，也可借助新兴媒体，搭建高校辅导员宣传桥梁，开展舆论引导与支持工作，提升公众对高校辅导员专业的认可。使得高校辅导员的工作受到社会各界更广泛的重视和支持，帮助辅导员获得职业尊重，建立辅导员的职业归属感，以期更好地促进高校学生管理工作的开展。

不断完善薪资结构，运用工资梯度，形成激励机制，进一步完善高校辅导员队伍建设。关注高校辅导员实际生存处境、解决他们的生活、工作问题和其他困难，使高校辅导员解除了后顾之忧，那么，在大学生教育中就会投入更多的精力，使辅导员对这一职业产生由衷喜爱之情，继而激发辅导员工作积极性。绩效考核的结果和辅导员的薪酬相联系，挂钩辅导员的岗位补贴，对于绩效考核优秀的辅导员，给予相应的绩效资金激励。同样地，对于绩效考核差的辅导员，学校要对其进行相应的惩罚，采取取消其绩效奖金等措施。这种激励方式既能激发辅导员的主动性和创造性，又可以避免辅导员的盲目性和短期行为。同时，也是对高校人力资源管理体制的完善和发展。

（三）提高辅导员工作的挑战性，提供学习计划

赋予辅导员有挑战性的工作，代表领导对他器重有加，从某种意义上讲可称为受人器重的不可替代性职工，是对他价值的肯定，可以大大激发辅导员工作的积极性。让辅导员完成有挑战的任务，他将会继续完善自身能力，继续求学以完成任务，不断提升知识与技能、挖掘潜力，在完成任务的同时，培养自我。越来越多的挑战使他们对未来充满了信心，对于辅导员来说是一条良性发展之路。

辅导员的教育培养要建构由国家向地方、从大学到个体的多层级培训体系。高校在制订规划时要充分了解当地经济文化环境和社会发展趋势，做好课程设置与安排，加强师资队伍建设。高校主管部门应根据本校学科特点，结合学生发展需求，健全自身教育培训体系，同时，也要重视校际交流与培养。高校辅导员可以跨地区或跨校进行不同层次、不同类型的辅导与服务活动，以提高辅导员专业能力水平和综合素质。高校应加强与校外组织机构之间的合作，建立专门的培训管理机构，为辅导员开展专业化培训奠定基础。此外，辅导员本人也要抓住学习和交流培训机会，确保学习成效，并且根据国家要求和工作需要，独立选择具有现实意义的有关课程进行研究。

第六章　大数据背景下辅导员职业化成长路径

在数字化转型的浪潮下，大数据深刻地影响并改变着各行各业，数据作为一种重要资源，也受到越来越多高校的重视。在大数据背景下，辅导员职业化成长应在重视辅导员队伍工作的基础上，发挥辅导员在数据管理、数据分析、数据运用等方面的重要作用，更好地推动高校教育工作。

第一节　加强学科建设，严格准入机制

一、加强学科建设

辅导员职业化成长需要把辅导员工作作为一个系统的专业纳入学科领域。加强学科建设，设置辅导员相关学科可以为辅导员职业化成长提供专业保障。在职前大批量培养高素质的辅导员专业人才，可以从根本上、源头上解决辅导员职业化成长不强的难题，弥补辅导员在相关专业知识和技能上的不足，方便职后进行系统的培训。同时，还可以提高辅导员职业认同感、职业自信心，增强辅导员的工作动机。本小节主要从学科支撑、多学科融合、增设硕士专业学位三方面提出相关建议。

（一）加强教育学科支撑

学界主流观点认为，高校辅导员学科化要在教育学科的背景下进行，可以作为教育的子专业，学科发展取决于研究对象的生动实践，辅导员的日常工作是教育学科重要的实践基础，注重把辛苦转化为成果，把经验上升为科学。① 目前和辅导员相关的专业学科建设或者说辅导员专业人才培养主要依靠的就是教育学科。历经30多年发展历程，高校辅导员专业人才培养已经形成了从本科、硕士到博士比较健全的培养体系。②

（二）促进多学科交叉融合

根据角色定位可知，辅导员从事的工作包含教育、管理与服务功能，是一项极其复杂的系统工程，单独依靠教育专业，显然满足不了辅导员工作的要求。因此，辅导员专业学科发展需要有效依托多种学科，除了教育专业外，还应主动借鉴社会学、教育学、管理

---

① 冯刚．深化新时代高校辅导员队伍专业化职业化建设的逻辑理路［J］．高校辅导员，2021（02）：8-13.

② 李永山．以职业能力为导向加强高校辅导员专业人才培养——基于《高等学校辅导员职业能力标准（暂行）》的分析［J］．思想教育研究，2015（09）：101-104.

学、心理学等多种学科，不断融合，逐渐形成自己的学理研究。

这在如今的辅导员培养中也有所体现。自2016年起，“高校辅导员在职攻读博士学位专项计划”增设管理学、心理学培养专业。辅导员博士生培养从教育单一专业的学科依托，发展到多专业的多学科依托，增强了辅导员博士生培养专业精细化、知识高深化程度。[①] 辅导员工作的学科交叉性明显，学科归属不明晰，学科化的理论研究想要变成现实，就要稳扎稳打、循序渐进。促进多学科交叉融合，有利于丰富辅导员多方面专业知识，灵活运用多学科专业知识增强职业技能，进一步提高辅导员职业化成长水平。

（三）增设高校辅导员硕士专业学位

冯刚早在2009年提出，要使辅导员队伍实现职业化成长，必须辅之专业学位教育，应充分借鉴MBA教育、住院医师培训等职业化教育成功的经验。[②] 因此，建议增设高校辅导员硕士专业学位，依据辅导员职业化成长要求制订培养方案，并出台相关硕士学位建设的专业标准。

增设高校辅导员硕士专业学位有一定的现实基础。2022年9月，国家印发《研究生教育学科专业目录（2022年）》和《研究生教育学科专业目录管理办法》[③]，进一步凸显了专业学位在目录中的地位，交叉学科明显增加。设置专业学位类别，就是坚持需求导向，突出专业技术能力，强调精准和灵活，以利于增强学生的职业胜任力，这无疑与辅导员专业学科完美契合。辅导员岗位需求量大，需要专业知识和技能，应用性极强，学科交叉性明显，而且部分高校已经在专业设置上做出了实践。它们有的下设相关研究方向，像云南师范大学更是把研究方向明确为“高等院校辅导员”；有的在公共管理硕士（MPA）下设教育经济与管理方向、教育行政管理、教育管理等研究方向，在高等教育学下设高等教育管理等研究方向。相信不久的将来，辅导员专硕设置可以成为现实，出现在学科专业目录中。增设高校辅导员硕士专业学位，将提升辅导员专业归属感和职业认同感，进一步提高辅导员专业地位。

二、严格准入机制

从管理学的角度，杨松认为准入机制是指根据国家法律法规、政策等有关规定，对参与者制定的准入条件、准入范围、准入方式、准入程序以及退出方式等制度性规定的总和。[④] 当前还未形成全国统一的辅导员职业资格标准，各高校根据实际情况制定准入条件、

---

① 田歧瑞．高校辅导员博士生培养特色论析——基于对教育部高校辅导员培训和研修基地辅导员博士生培养现状的分析［J］．思想理论教育，2016（04）：97-101.

② 冯刚等．辅导员队伍专业化建设理论与实务［M］．北京：中国人民大学出版社，2009.

③ 教育部．国务院学位委员会教育部关于印发《研究生教育学科专业目录（2022年）》《研究生教育学科专业目录管理办法》的通知．［EB/OL］．［2022-9-13］．http：//www.moe.gov.cn/srcsite/A22/moe_833/202209/t20220914_660828.html.

④ 杨松．社会力量参与公共文化服务准入机制研究［J］．管理观察，2019（11）：44-45+48.

方式及程序，多数类似教师、公务员招聘，准入门槛较为宽泛，标准模糊。然而高校辅导员的准入机制是辅导员队伍职业化成长建设的第一个环节，是源头保障。因此，把好“入口关”，切实维护辅导员发挥育人实效，严格准入机制至关重要。辅导员职业化、专业化发展是必然趋势，也要求必须健全辅导员准入机制。本小节主要从辅导员的准入条件、准入考核、职业资格证制度三方面提出建议。

（一）完善准入条件

在准入条件上，高校各有不同，但基本内容相同。《普通高校辅导员队伍建设规定》指出，辅导员应符合的基本条件主要包含五个方面，即具有较高的政治素质和坚定的理想信念，本科以上学历，具备从事教育工作相关学科的宽口径知识储备，具备较强的组织管理、教育引导等能力，具有较强的纪律观念和规矩意识等。① 各高校都是依据这五个基本条件，以“政治强、业务精、纪律严、作风正”为标准，添加容易进行对比的外在表现能力，比如要求应聘者的学历、政治面貌、经验等。主要表现为大多数公立本科院校除要求应聘者具备良好的身体素质、品行端正、热爱学生工作等软性条件外，还要求应聘者为中共党员、硕士研究生以上学历，有年龄限制，担任过主要学生干部经历等硬性条件，选聘时，毕业院校层次高的优先，博士研究生优先，教育学、心理学、管理学等学科背景优先，有高校辅导员工作经验的优先等。

目前各高校辅导员的准入条件过于宽泛，大多不限专业，重外显轻内隐，缺乏对职业素质及从业动机的要求。比如要求硕士学位以上的辅导员岗位，把一大批优秀的本科生拒之门外，看似高标准，实则是把标准简单化，学历仅代表知识水平，不能反映其具有辅导员的职业素质。因此，建议要完善辅导员的准入条件，严格执行政策标准，即本科学历以上，注重对应聘者全方位的考核，消除高标准即高学历的模糊思想，坚持素质优先，优化学历、学科、年龄等结构，多渠道择优选聘，实现优质人力资源的合理化配置。完善准入条件，精准选聘适合学生工作的高素质人才，才能优化辅导员人才队伍。

（二）创新准入考核体系

在准入考核上，多数高校采用“笔试+资格审查+面试”三个环节，有的高校会在面试时加入演讲、职业能力测试或心理测试，由学生工作部门、组织、人事、纪检等相关部门共同完成。② 虽然多数高校对辅导员选拔制定了统一的标准，但是，类似政治素质、业务能力标准比较笼统，评分往往依靠评委的主观印象来确定，评价方法不够科学。其中，笔试环节，有的是类似公务员考试题目或教师招聘题目，未充分展现辅导员工作特色；资格审查环节，针对应聘者投递的简历以及提供的各种证明材料，判断其学历、政治面貌、学科背景等是否达标；面试环节，大部分采取面谈方式，评委随机询问一些情况，程序简

---

① 教育部．普通高等学校辅导员队伍建设规定．［EB/OL］．［2017-9-21］．http：//www.moe.gov.cn/srcsite/A02/s5911/moe_ 621/201709/t20170929_ 315781.html.

② 卢黎歌，魏新强．基于胜任力模型的高校辅导员选拔机制研究［J］．高校辅导员学刊，2011，3（03）：1-4.

单，时间有限，思维敏捷、语言表达能力强或者说应试能力较强者容易脱颖而出，但其他很多人的潜能在短时间内很难被发现。

因此，当前的辅导员准入考核较为单一，过于表面化，不能全面考察应聘者和岗位的适配程度，也不能充分挖掘应聘者的潜力，考察结果难免与实际出现偏差。

从人力资源的相关理论分析，高校辅导员队伍建设规划主要包括队伍数量、质量和结构等三方面。可以基于职业化成长创新辅导员准入考核体系，充分考察应聘者内隐的素质与动机水平。首先借鉴职业化成长理论与方法，在全校范围内展开调研，建立适合自身特点的辅导员职业化成长模型；其次在模型基础上，可根据实际情况选择多种方法，对应聘者的胜任力进行评估，如心理测验法、动态测试法、面试测评法等；最后根据评估结果选择合适的人才加入辅导员队伍中。借鉴职业化成长理论，创新准入考核体系，充分利用职业化成长模型中的隐形因素，将有利于高校精准选择高动机的准辅导员，进一步提升辅导员工作动机，稳定辅导员队伍。

（三）建立高校辅导员职业资格证制度

高校学生事务管理队伍有着严格的资格准入制度，这与其专业学科培养密不可分。结合教师职业化成长理论，在我国教师职业化成长发展进程中，教师资格证制度至关重要。该制度从源头上规范了教师的选拔要求，提升了工作门槛，是一份政策保障，同时增加了教师职业认同感，提高了社会地位。就目前来说，我国还没有辅导员职业资格证制度。职业资格证制度作为辅导员的资格准入，对什么样的人来从事辅导员工作起着决定性作用。从我国高等教育发展现状看，辅导员队伍的职业化成长建设迫切需要建立以规范职业资格为首要目标的职业管理制度。①

高校可应用辅导员职业化成长作为构建高校辅导员职业资格证制度的出发点和落脚点，进一步明确辅导员应有的专业知识和技能，也可测量出被考察人的多种内隐性的素质，比如从业动机等。确定辅导员的准入条件和考核体系，通过各种方式明确辅导员的等级，这将会大力促进辅导员职业化成长发展，同时也有利于提升辅导员对自身工作的价值认同，提高他们的职业荣誉感与成就感。另外，高校辅导员职业资格证制度本身就是一种标准的建立，具有导向性，有利于辅导员行业标准的进一步明确。

第二节　培养数据运用能力，提升大数据素养

一、辅导员数据运用能力培养模式

目前社会已经进入大数据时代，高校教育教学活动也不可能独善其身，数字化、信息

① 李莉．试论专业化发展与高校辅导员职业资格准入［J］．黑龙江高教研究，2012，30（04）：5-8.

化发展是必然趋势。作为教育活动中的重要成员，辅导员的数据运用能力非常关键，直接影响了管理能力，因此，需重视数据运用能力培养，不断提升自身综合职业素养，才能更好地适应教育实际之需，提高教育服务质量。

（一）完善支持系统

根据大数据技术应用情况，完善社会联动机制、发展机制，重点是学院、学校以及政府相关部门之间的联动。海量数据信息是大数据技术应用的基础，如果脱离学生数据，任何工作都是空中楼阁。如果缺乏联动机制，相关单位也只是多个数据孤岛，无法充分利用数据深层价值。以高校为例，需要打通教务处、医务处、学院以及后勤等部门的沟通交流，实现数据共享联动，并借助权限设置等技术，切实保障学生隐私安全。同时，也要和医院、交通等部门建设联动机制，观察学生的社会行为，并在国家支持下构建数据系统。基于相关法律法规，强制保护教育数据信息，杜绝数据泄露以及恶意入侵系统等行为。

（二）构建数据交流平台

为实现数据沟通交流，构建相应的研究平台必不可少，这也是目前限制辅导员数据运用能力发展的一个问题。建设交流平台时，需确保覆盖学生的各种数据，也要汇总辅导员队伍的数据，实现技术分享、数据交流的功能，有利于辅导员找到组织归属感，更好地形成凝聚力，为理论成果推广提供支持。在具体实践过程中，相关数据被实时采集，并进行自动化分析、处理，最后形成结果以及建议，有利于准确把握学生行为特征、思想倾向。同时，相关管理部门应发挥主导作用，充分发挥平台的网络培训、案例分析以及经验交流等功能，从而实现共同进步。此外，平台建设还需配备专业的分析专家，从整体角度出发，汇总处理相关数据信息，并总结相关结论、建议，为辅导员工作提供一定参考。

（三）打造高素质人才队伍

辅导员的专业背景复杂，部分人员可能从未接触过数据分析等知识，无法快速提升数据运用能力。对此，可以在辅导员队伍中挑选基础能力较强的人员进行针对性优化培训，积极落实大数据技术，有效减轻工作负担，提高实际工作成效，充分发挥其带头作用，形成典型案例。辅导员工作和学生生活、学习比较贴近，要从实践中总结理论成果，解决实际问题。学校要给优秀的数据人才提供优厚待遇，从而提高其工作积极性，更好地成为数据先锋，以点带面，带动广大辅导员重视数据运用能力的提高。

开展培训时，要进行针对性分层培训，以职业能力为标准，将辅导员划分为不同级别，制订相应的培训方案，全面提升人才队伍的整体素质。例如，初级辅导员，主要是培养相关基础知识和技能，强化其大数据技术认同感；中级辅导员应注重联系实际，用大数据技术解决工作中的困惑，调动其自我意愿；高级辅导员本身具有较高的技能水平以及感悟，培训时需注重示范作用，使其逐渐成为领军人物，强化理论成果的影响力。

（四）营造良好数据运用氛围

为更好地推广大数据技术，提升辅导员数据运用能力，营造良好的工作氛围非常重要。学校是辅导员工作的主要场所，良好的管理环境有利于促使辅导员职业发展。在实际工作中，应解决数据来源问题，确保辅导员具有一定数据获取权限，如图书馆借阅、消费等；同时，适当减轻事务性工作负担，充分利用线上信息管理平台，由学生自主完成相关任务。此外，定期组织专项培训和学习，使辅导员在潜移默化的影响下，不断强化其自觉性，充分了解数据运用能力的优势和作用。为进一步鼓励数据运用，可以设置专项课题，鼓励辅导员开展相应的理论研究以及实践运用，并对表现优异的人员提供物质和精神奖励。

（五）强化个人意识

在大数据时代，培养数据意识是基础所在，通过数据信息认识相关规律、行业运作方式。作为辅导员，也应认识到这一革命性影响，应主动学习、掌握数据运用能力。辅导员对数据运用的认同程度与日常工作开展有直接关系，如果存在不认同、不理解，便会自然抵触数据运用理念，对工作成效造成不利影响。个人能力提高并非一朝一夕，辅导员需保持长期学习理念，具备稳定的数据价值观，才能不断提升自身数据运用能力。为做好辅导员工作，需让其保持主动学习意愿，摒弃等待学习的思维，积极使用数据解决实际问题，切实提高工作效率。同时，高校可以通过开展数据能力竞赛、增设补助奖励等途径，不断激发辅导员的创新意识和教育活力。

（六）开发数据软件

目前的信息管理系统或者数据分析软件并不适合辅导员工作，存在不同程度的不专业、不协调等问题，同时专业要求也比较高，会直接影响辅导员的使用意愿，因此，需开发专门的数据软件，切实解决辅导员的工作需求。基于工作实际以及教育原则，开发数据收集、分析相关软件，可以通过可视化形式展现数据结果，并为决策提供建议。在具体实践过程中，需充分结合教育规律，从学生行为模式、思想倾向等角度出发，得出更符合现状的结论，这也有利于辅导员更好地扮演引导者的角色。

随着大数据技术的兴起，人们可以通过大量数据信息，挖掘相应的发展规律，从而提高工作效率，改善问题解决效果。辅导员承担着教学、管理等工作，需要引导学生树立正确价值观，解决实际问题。大数据时代给高校教育带来一定冲击，也给辅导员工作增加难度，需积极顺应时代发展趋势，充分利用大数据技术的优势，不断提高自身数据运用能力，才能更好地开展教育教学管理活动。

二、辅导员大数据素养优化路径

（一）注重系统谋划，建设专业人才队伍体系

《高等学校辅导员职业能力标准（暂行）》中指出，高校辅导员职业能力标准是“国家对合格高校辅导员专业素质的基本要求，是高校辅导员开展学生工作的基本规范，是引领高校辅导员职业化发展的基本准则，是高校辅导员培养、准入、培训、考核等工作的基

本依据”。高校应根据相关规定，进一步研制适应本校教育工作需要的高校辅导员大数据素养职业标准，以便有规可依、有章可循。

一是核心内容。高校要加强大数据素养的普及宣传，构建适合学习的大数据思维、大数据采集和处理、大数据应用等相关知识体系，促进大数据与教育工作高度融合，促进高校辅导员教育工作创造性应用和创新性发展。二是相关要求。制定培养高校辅导员大数据素养的具体要求，严格按照高校教育工作要求实施，确定工作流程、工作进展、工作反馈，提升工作实施完备性和有效性。三是评价标准。制定大数据素养评价指标体系，结合运用大数据处理的具体表现，科学地研判和评估，推动形成大数据意识、学习大数据知识、提升大数据能力。

（二）注重平台搭建，完善多方联动体制机制

积极建设大数据共享体系。大数据的使用和推广，需要各部门协同配合，在高校辅导员工作中，要实现互联互通，国家、社会、高校要组建大数据处理联动机制。通过检索数据信息来处理和解决学生问题，没有完善联动机制只能形成“数据孤岛”。只有最大限度收集学生各方面信息，打破各部门间数据壁垒，才能实现数据互联互通。

“数据孤岛”要想得以解决，就要联通学院、学生处、招生就业处、团委等相关教学管理部门，实现联动共享，针对不同部门设置不同数据管理权限，既能保证学生数据共享安全，又能获取来自多方面的学生信息，做到及时掌握和应用。在后期应用过程中，协同社会部门，比如交通局、医院等，获取学生更全面的信息，帮扶时精准施策，解决学生遇到的各种问题。善用数据化处理平台，保证数据分析结果协同联动，助力高校辅导员实现数据驱动。

（三）注重信息保护，夯实安全意识防范基础

大数据安全不仅是大数据平台的安全，还是以数据为核心，在全生命周期各阶段流转过程中所面临的各种安全挑战。要建设大数据信息安全保障机制，在大数据应用中引入个人信息保护理念，对大数据滥用带来的后果，制定审查机制，为高校辅导员大数据应用提供保障。

学校应制定保密制度和管理规范。高校辅导员要严格执行，建立并落实机密工作各项制度，掌握相关信息技术知识，如常用信息安全工具、加密技术和病毒查杀技术等，以提高信息安全防护能力。向学生宣传保密工作的意义和重要性，加强学生保密意识，确保学生个人信息安全。建立个人信息保护的自我意识和安全防范意识，在日常生活和工作中注意保护自己的个人信息。

（四）注重实践积累，增强数据处理运用能力

实践积累是增强高校辅导员数据运用能力的重要着力点。理论来源于实践，又在实践中得到检验和发展。高校辅导员数据运用的知识、技能是在培训和实践中获得和整合的，数据运用能力是在工作实践中形成和发展的。脱离工作实践，数据运用能力只能停留在掌

握操作性知识的阶段，没有办法将学到的知识付诸实践，更谈不上内化为真正的能力。

高校辅导员应在整合实践中积累经验、增长才干。一是将现实中的工作作为培训中的现场案例，将工作与培训结合起来，学中做，做中学。二是要加强高校辅导员数据运用能力的理论与实践结合。坚持将理论与实践结合，用理论分析实践，用实践验证理论，全面提升运用大数据解决实际问题的能力。

高校辅导员提升大数据运用能力是为学生服务的。学生信息不是冰冷的数据，而是个人展示，要充分让数据活起来，让数据在流动中创造价值，更好地服务学生，牢固树立“全心全意为学生服务”的工作理念，努力成为学生的“知心人”。

参考文献

［1］毕强．大数据驱动下的高校学生管理工作创新思路探析［J］．信息系统工程，2023（06）：146-148.

［2］蔡秋娥．大数据时代下高职辅导员数据运用能力培养机制研究［J］．太原城市职业技术学院学报，2023（04）：87-90.

［3］程剑光．大数据视域下辅导员应对大学生心理危机研究［J］．淮南职业技术学院学报，2023，23（01）：56-58.

［4］崔博洋．高职院校辅导员职业化发展中存在的问题与解决策略［J］．辽宁师专学报（社会科学版），2022（06）：135-137.

［5］高永胜，宗凡，胡燕玲，等．基于大数据融合的高校学生教育管理优化办法——以西北工业大学为例［J］．大学教育，2022（10）：281-283，292.

［6］郭婧，雒春生．专业化职业化背景下高校辅导员工作建设路径探讨［J］．经济师，2023（09）：203-205，208.

［7］郭文婷．高校辅导员队伍职业化研究［D］．新乡：河南师范大学，2019.

［8］贺莎．基于大数据下的高校辅导员学生管理工作创新研究［J］．办公自动化，2023，28（14）：31-33.

［9］黄劲夫．大数据时代高校学生信息化管理模式研究与实践——以东南沿海某部属高校为例［J］．高校后勤研究，2023（06）：37-39，46.

［10］黄小萍．新时代高校辅导员队伍专业化职业化建设的思考［J］．天津职业院校联合学报，2023，25（03）：12-15，20.

［11］赖汉深．职业化专业化背景下高职院校辅导员绩效考核优化研究［D］．桂林：广西师范大学，2019.

［12］雷东强．新时代高校辅导员队伍职业化建设路径［J］．人才资源开发，2023（13）：49-51.

［13］李庚．新时代高校辅导员队伍职业化、专业化、专家化建设论析［J］．思想理论教育，2023（12）：106-111.

［14］李胜男．大数据时代下高校学生管理育人工作的研究［J］．大学，2022（34）：47-50.

［15］李炜程，孙颖健，张千千．大数据时代高校辅导员与学生沟通的影响因素分析［J］．经济研究导刊，2022（17）：102-105.

[16] 刘洪超．高校辅导员职业能力建设研究［D］．西安：陕西师范大学，2019.

[17] 刘婧．高等院校学生管理数据化研究［D］．南昌：江西财经大学，2020.

[18] 刘昕彤．高校辅导员配备模式现状及策略——基于提升队伍专业化、职业化目标［J］．大众文艺，2022（17）：198-200.

[19] 马馨．大数据与信息化在教育管理中的应用［J］．电子技术，2022，51（06）：127-129.

[20] 申陈晨．高校辅导员职业化发展面临的问题及对策研究［D］．长沙：湖南农业大学，2021.

[21] 施可．大数据时代高校辅导员“精准”开展育人工作的价值意蕴、现实困境及应对策略［J］．中国多媒体与网络教学学报（上旬刊），2022（12）：122-126.

[22] 汪阳．高校辅导员大数据素养评价及模型构建研究［D］．武汉：华中师范大学，2021.

[23] 王本强．高校辅导员职业能力评价指标体系的构建［J］．教育教学论坛，2022（50）：25-28.

[24] 王冠．高校辅导员职业荣誉感研究［D］．大连：大连医科大学，2019.

[25] 王淼．高校辅导员队伍专业化、职业化：强化维度及应对机制［J］．黑河学刊，2022（06）：1-7.

[26] 王权，何远方，丁映轩，等．高校辅导员专业化职业化现实困境与实践路径研究［J］．福建轻纺，2023（05）：77-80.

[27] 王锐琴，狄正烈．高校辅导员职业化的主要研究方法比较分析［J］．高校辅导员学刊，2024，16（01）：8-16，95.

[28] 魏欣，潘恩宝．“大数据+人力资源管理”视角下职业本科院校辅导员职业素质提升［J］．人才资源开发，2022（21）：50-52.

[29] 武婷，马晓婷．新时代高校辅导员职业化发展的系统思考［J］．系统科学学报，2023，31（02）：92-97.

[30] 向伟．新时代高校辅导员素质及提升策略研究［D］．长沙：湖南师范大学，2020.

[31] 徐吉洪，李帮彬，陈杰．新时代高校辅导员队伍专业化职业化建设探析——以浙江工业大学为例［J］．浙江工业大学学报（社会科学版），2023，22（02）:218-223.

[32] 杨浩宇，潘琛．基于社交媒体大数据的高校辅导员信息育人素养培育探究［J］．新闻研究导刊，2023，14（20）：200-202.

[33] 杨锟．普通高校辅导员队伍建设研究［D］．西安：陕西师范大学，2019.

[34] 于瑾．高校辅导员职业化建设的大数据应用研究［D］．长春：东北师范大学，2019.

[35] 曾亚纯．高职院校辅导员职业能力及影响因素实证研究［D］．武汉：华中师范大学，2021.

［36］张程梅．新媒体时代高校辅导员职业能力提升研究［D］．南昌：南昌航空大学，2021.

［37］张景涵．互联网与大数据在教育管理中的应用［J］．电子技术，2022，51（06）：130-132.

［38］张鹏．大数据时代高校辅导员队伍专业化创新发展——评《高校辅导员的工作与专业化发展》［J］．中国教育学刊，2022（10）：150.

［39］张宗．辅导员职业化发展途径与思路［J］．国际公关，2021（06）：38-39.